Wieder Sinn und Unsinn

Verse und Sprüche in klassischer Reimform über allerlei Ungereimtheiten und Merkwürdiges.

Dieses Büchlein ist quasi die Fortsetzung zu meinem 2016 veröffentlichten Band „Sinn und Unsinn" und wie dieser ein Streifzug durch verschiedenste Lebensbereiche. Statt „Sinn und Unsinn II" habe ich es lieber „Wieder Sinn und Unsinn" genannt.

Erfreuen Sie sich an sprachlichen Winkelzügen und Pirouetten, „gewendeten" Redewendungen, Wort- und Gedankenspielen, Merkwürdigkeiten – vom vordergründigen Kalauer bis zum hintergründigen Aphorismus und Aperçu, mit anderen Worten: „Wieder Sinn und Unsinn" in einer bunten Mischung aus klassischen Zwei- und Mehrzeilern.

Lassen Sie sich beim Lesen Zeit, manches erschließt sich erst beim zweiten oder dritten Hinschauen.
Und vor allem: Genießen Sie´s häppchenweise wie Pralinés, sonst verdirbt´s den Magen.

Falls Sie bei manchen Reimen denken, es holpere:
Probieren Sie einfach einen anderen Rhythmus, dann sollte es fast immer klappen (neben Jambus und Trochäus haben uns die antiken Metriker ja u.a. auch noch Anapäst und Daktylus geschenkt, mit zahlreichen Varianten):

$$\cup - \quad \cup - \quad \cup - \quad \cup -$$

$$- \cup \quad - \cup \quad - \cup \quad - \cup$$

$$\cup \cup - \quad \cup \cup - \quad \cup \cup - \quad \cup \cup -$$

$$- \cup \cup \quad - \cup \cup \quad - \cup \cup \quad - \cup \cup$$

Albrecht Moeller

Wieder Sinn und Unsinn

Gereimte Ungereimtheiten

Bibliografische Information der Deutschen Nationalbibliothek:
Die Deutsche Nationalbibliothek verzeichnet diese Publikation
in der Deutschen Nationalbibliografie; detaillierte bibliografi-
sche Daten sind im Internet über http://dnb.dnb.de abrufbar.

Herstellung und Verlag:
BoD – Books on Demand, Norderstedt

ISBN: 978-3-744-89838-6

Inhalt

Sprachkürze gibt Denkweite.
(Jean Paul)

Mode, Kosmetik, Kochen, Diät

Kabinendruck
Wenn dich beim Anprobiern ein Kleid beengt,
in welches du dich mühsam reingezwängt,
dann kannst du trampeln, schreien, fluchen –
oder ganz einfach nur das Weite suchen!

Zeitloser Trost
Fehlt dir das Geld für neuste Mode, du bist pleite:
Das Unmoderne hat die Zeit auf seiner Seite.

Modekrankheit
Wer immer mit neuester Mode geh´n muss,
erliegt einem Stoff-Wechsel-Virus zum Schluss.

Passform
Die Frage ist nicht: „Was ziehe ich an",
vielmehr, wie ich da wohl reinkommen kann.

Stylish
Lifestyle ist die teure Art so auszuseh´n
wie alle anderen, die mit der Mode geh´n.

Mode(er)schöpfung
Ein Modemuffel zweifelt an Methode:
„Was aus der Mode kommt – ist gar nicht Mode?"

Rein oder raus?
„Was sind das für Marotten",
denkt jemand laut mit,
„warum nennt man Klamotten,
die „in" sind, „Outfit"?"

Modemagnet
Modische Magneten schmollen,
was sie denn nun anzieh'n sollen.

Irrlichter
– Neues aus der (Kla-)Mottenkiste –

„Vom Lichte werd' ich angezogen",
sagt eine Motte sich. Doch leider
denkt sie dabei an schicke Kleider.
Darauf ist sie hereingeflogen.

„Sehr heiß!" kommt ihr noch in den Sinn,
„ich bin entflammt!" – schon ist sie hin.
Zu spät erst, als der Tod sie holt,
fühlt sie: „Man hat mich wohl verkohlt."

Was sagt uns dies? Dass Lichtgestalten,
was sie versprechen, meist nicht halten.
Und:
Habt nicht wie Motten die Marotten,
zu denken stets nur an Klamotten.

Übertüncht
Ob sich dieser Satz für Make-up-Werbung eijnet?:
Lieber gut geschminkt, als vom Leben gezeichnet.

Ungeschminkte Wahrheit
Mit Abschminken nur kann es dir gelingen,
dein Alter auf den neusten Stand zu bringen.

Aufgehübscht
Für manche Schönheit wird's im Alter eng und enger:
Wir sind noch hübsch wie einst – nur dauert's etwas länger.

Einfalt gegen Vielfalt
Ein Lifting ist für viele Starlets unsrer Zeit
zumeist die einzige Entfaltungsmöglichkeit.

Lyzeum versus Museum
Wie oft putzt man sich raus und stellt dann fest im Ballhaus:
Beim Jung-Erscheinen-Wollen sieht man ganz schön alt aus.

Reine Formsache
Lassagneköche kurz verschnaufen
und dann zu großer Form auflaufen.
Nur mit geringrer Leistung schaffen´s
die Bäcker von den kleinen Muffins.

Auf den Zahn gefühlt
Mit dem Begriff „Al dente" Köche gern hantieren,
um ihre Ungeduld beim Kochen zu kaschieren.

Gerüchteküche
Sensationsreporter vermelden Beschwerden:
„Immer mehr werden Küchen zu Krisen-Herden!"

Ausgekocht
Nichts Neues, Kreatives kocht,
wer auf Erfolgsrezepte pocht.

Scherereien
Dem Gourmet-Koch bringt es großen Kummer:
Eine Schere macht noch keinen Hummer.

Gesunde Kost
– Diätplan –
Erst wenn man wieder alles zu sich nehmen kann,
was einem nicht bekommt, dann ist genesen man.

Von der Schwere des Abnehmens
– Schwerer Irrtum –
Beim Abnehmen hat sich schon mancher geirrt,
dass dadurch das Leben auch leichter wird.

Zweifelhafter Erfolg
Hat die Diät denn was gebracht,
wenn sich ein Dicker dünne macht?

Von Klugheit und Denken

Blödes Timing
Des Menschen Ungemach und tiefes Missgeschick:
Der Klügere gibt nach – im dümmsten Augenblick.

Zu klug ist unklug
Ich rate dir: Sei schlau, bleib dumm.
So kommst um Vieles du herum.

Nachhaltig
Der Klügere gibt nach – und nach
den Ton an wieder ganz gemach.

Unheimlich klug
Gar nicht oft genug man sag es herum:
Lieber heimlich klug, als unheimlich dumm.

So klug als nach wie vor
„Wenn der Klügere nachgibt, gibt er doch bloß vor,
der Dümm´re zu sein", spricht enttäuscht der Tor.

Machtgeflüster
Ein Diktator sprach,
flüsternd uns ins Ohr:
„Kluge geben nach,
Klügere lieber vor."

In weiser Voraussicht
Der Kluge stets voraus es sieht,
dass Unvorhergeseh´nes geschieht.

Verschlagen schlau
„Wer auf dumme Gedanken kommt,
der muss schlau sein", denkt man sich prompt.

Klugscheiner
Ohne gemein sein zu sollen,
so gilt doch ganz allgemein:
Klug erscheinen zu wollen,
verhindert es, klug zu sein.

Kluges Nachgeben
Der Klügere gibt so lange nach,
bis es ihm zu dumm wird mit dieser Schmach.

Klugscheißer
Ein Superkluger sprach
und schien dabei recht froh:
„Der Klügere gibt nach,
der Klügste tut nur so."

Denk-Lag
Wie oft tritt das Denken verspätet zutage:
Ich weiß, was ich denk, wenn ich hör, was ich sage.

Ablenkung
Immer wenn man denkt, dass man selbst lenkt:
Es kommt immer anders, wenn man denkt.

Dummdreist
Die Dummheit erstattet Beschwerde,
dass Denken sie ernsthaft gefährde.

Verkopft
Hat eine Sache Hand und Fuß, sind wir zufrieden. –
Niemand erwähnt den Kopf. Warum wird der gemieden?

Nach wie vor
Fragte und sprach einst der Weise zum vorlauten Tor:
„Denkst du schon nach, oder machst du dir noch nur was vor?"

Strohfeuer für Spätzünder
Mit Stroh im Kopf, das ist bekannt,
ein zündender Einfall wirkt hirnverbrannt.

Problemscheu
Esoterik-Gurus sollten wirklich sich was schämen:
Positives Denken ist die Feigheit vor Problemen.

Kluge Übersicht
„Klugheit", sagt mein Therapeut zum guten Schluss,
„heißt erkennen, was man übersehen muss."

Opti- und Pessimismus

Verstrickung
Ich bin ein lupenreiner Optimist, will heißen:
Ich hänge mich erst auf, wenn alles Stricke reißen.

Urvertrauen in den Gläubiger
Beim Pessimisten borgen, enthebt dich deiner Sorgen.
Der plant doch ganz fest ein, dass weg sind all die Schein´.

Fifty-fifty shades of grey
Die Pessimisten haben doch völlig Recht:
In etwa der Hälfte der Fälle da läuft es schlecht.

Unersättlich
Ein Pessimist ist glücklich nicht mal dann,
wenn er sich tief im Unglück suhlen kann.

Auf die Stimmung kommt es an
Worin sich Optimist und Pessimist wohl unterscheiden?
Dass alles möglich ist – das wird geglaubt von beiden.

Misserfolgsverwöhnt
Ein lupenreiner Pessimist, ganz echt,
und auch der Misserfolg gab ihm voll Recht.

Die Stimmung macht´s [1]
Der Optimist ist überzeugt, dass alles möglich ist.
„Alles ist möglich", hält dagegen unser Pessimist.

Unbelehrbar?
Pessimisten kann man einen Vorzug nicht verwehren:
Lässt der Optimist sich eines Besseren belehren?

---

[1] Die erste Zeile freudig-gehoben lesen, die zweite bedrückt und verzagt.

Übel-Gründlich
Worauf können wir beim Pessimisten zählen?
Von zwei Übeln wird er immer beide wählen.

Elsterglanz
Schwarz zu malen in schillerndsten Farben, ganz meisterhaft –
dies Kunststück nur der Pessimist begeistert schafft.

Augenwischerei
Will uns das Schwarzseh'n mal verdrießen –
hilft's da, die Augen zu verschließen?

Rien ne va plus
'Ne Frohnatur am Spieltisch frohnatürlich rief:
„Wenn nichts mehr geht, dann geht auch nichts mehr schief!"

Selbsttor
Der Pessimist brach über alles den Stab,
so dass zuletzt es nichts mehr zum Auflehnen gab.

Blickwinkel und Stimmung machen's
Der Optimist die Welt für die Beste der möglichen hält,
genau das Gleiche hat Pessimist auch für sich festgestellt.

Rechthaberei
Der Pessimist weiß schon im Vorhinein,
dass er im Nachhinein im Recht wird sein.

Kassandra-Rufe
Kassandra gibt der Welt bekannt:
Das Unheil wartet ziemlich oft,
bis sich die Lage hat entspannt,
und schlägt dann zu ganz unverhofft.

Optimal irreal
Die Realität ist nun wirklich das Letzte,
was Optimisten in´s Grübeln versetzte.

Weltverbesserer
Der Pessimist in Schreckenspose sich gefällt:
„Noch schrecklicher als diese Welt ist meine Welt."

Ende gut – alles schlecht
Pessimisten werden sehr verstimmt,
wenn ein Ding ein gutes Ende nimmt.

Vom Pech

Hoffnungslos
Ein echter Pechvogel, der etwas auf sich hält,
sogar am Kap der Guten Hoffnung noch zerschellt.

Morgen-Lamento der Pechvögel
Arme Würstchen, aufs Pech nur fixiert,
den Tag laut klagend und zeternd beginnen:
„Es gibt Tage, wo man verliert,
und Tage, an denen die andern gewinnen."

Erlernte Hilflosigkeit
Dass Pechvögel glückliche Menschen sind?
Sie werden von jedem verwöhnt wie ein Kind.

Glück = Nichtpech
So schau doch auf dein Leben mal zurück:
Das Pech, das du nicht hattest, war dein Glück.

Täglich ist immer
„An manchen Tagen geht alles schief!"
ein Pechvogel ganz verzweifelt rief,
und dann, nachdem er nach Luft geschnappt:
„an and´ren dafür rein gar nichts klappt."

Kleine Pilzkunde
Dem Pilzfreund ist wohl unter anderem auch dies klar:
Der Glückspilz ist für Pechvögel ganz ungenießbar.

Glücklos
Zumeist hat man mehr Pech im Pech,
als Glück im Unglück. Ist doch frech?!

Karriere

Eile mit Weile
Betreibe die Karriere nicht zu munter:
Ein Senkrechtstarter kommt meist auch so runter.

Karrierebremse
Vom Tellerwäscher zum Millionär? –
Wenn nur die Geschirrspülmaschine nicht wär!

Preis des Ruhms
Karriere heißt, gesagt sei´s den Verfechtern,
zu seinem eignen Vorteil sich verschlechtern.

Sitzverteilung
– Ein weiteres Hebelgesetz –
Am längern Hebel, doch auf falschem Dampfer sitzen –
wohl selten wird das einem wirklich nützen.

Karriereknick
Den Karrieristen hat besonders deprimiert,
dass er auf Kriechspur überholt wird ungeniert.

Karriereturbo
Karriere kommt nicht voran. Da hilft meist kein Fluchen.
Mal mit vorauseilendem Gehorsam versuchen?

Von Lob und Kritik
Alle, die streben nach oben,
sagen sich: Nur nichts riskieren,
lieber den Falschen loben,
als den Richtigen kritisieren.

Geschlechtsumwandlung
Im Machtkampf wünscht man sich als Hahn hervor zu tun,
verlässt ihn aber meist nur als gerupftes Huhn.

Unersättlich
Mitkonkurrenten begreifen zu spät:
Machthunger kennt nun mal keine Diät.

Erhalt des Status quo
Was man schnell vergisst, und für Änderung leider sehr dumm:
Wer am Ruder ist, der reißt selten das Steuer herum.

Leere Geschäftigkeit
Ein ausgefüllter Terminkalender –
das Markenzeichen für Zeitverschwender.

Message in a Bottle
Was man von der Flaschenpost noch lernen kann:
Große Flaschen kommen schneller an.

Auf dem Holzweg
Es hofft der Mensch, auf einen grünen Zweig zu kommen,
bis wo er merkt, dass nur den Holzweg er genommen.

Vergaloppiert
Manch einer hält sich für das beste Pferd im Stall,
nur weil er so viel Mist gemacht hat überall.

Immer bereit!
Immer zur Stelle zu sein auch heißt,
dass man im Wege wem steht zumeist.

Handgemenge
Im Übrigen sind uns die Hände oft gebunden,
weil eine Hand die andre wäscht, hat man gefunden.

Massenphänomen
Viele gehen ihres Weg´s dahin,
doch noch viel mehr stören sie darin.

Fataler Irrtum

Ein Mensch kommt im Beruf nicht weiter.
Er hielt (welch Missgeschick, oh fades!)
die Sprossen eines Hamsterrades
für die einer Karriereleiter.

Offenbares Leistungsprinzip

So mancher lässt sich mit der Leistung Zeit
und leistet nur den Offenbarungseid.

Aussichtslos

Rentners böse Schreckgespenster:
Schöne Aussicht – weg vom Fenster.

Schlaf-Wach-Rhythmus

Über Amtsmüdigkeit hat Spion nur gelacht:
„Lieber stets übermüdet, als stets überwacht."

Arbeitsbühne

Viele reißen sich ein Bein aus, wenn man's sieht,
und ham's gleich wieder dran, sobald man weiterzieht.

Heldentod

Wer 'ne Tragödie überlebt, hab'n wir gelesen,
ist niemals deren wahrer Held gewesen.

Blinde Gleichmacherei

Wenn alle auf Augenhöhe sind,
wer dann wohl den Überblick gewinnt?

Kommt Zeit, kommt Rat

– Vom jugendlichen Helden zum komischen Alten –
Hierfür braucht man keinen Schauspielunterricht:
dreißig Jahr' abwarten, mehr braucht's dafür nicht.

Ewige Knochenmühle
Müde Sportler tun am Trost sich gütlich:
Nur Erschöpfung ist ganz unermüdlich.

Es reicht nie
Er hat´s erreicht und immer noch erreicht er.
Vielleicht wird jetzt ja alles noch vielleichter?

Starallüren
Ein jeder Star hat eine Meise
und lebt sie aus auf seine Weise.

Hoch hinaus
Immer schön auf dem Teppich zu bleiben, mahnt man.
Doch wer sagt, dass man darauf nicht fliegen kann?

Versteigerung
Ich lass es mir von niemandem verweigern,
mich da jetzt ganz und gar hineinzusteigern!

Egozentriker
So mancher rotiert nur von früh bis ganz spät,
damit sich ja alles um ihn herum dreht.

Nichts als Wirbel
Wichtigtuer Wirbel produzieren,
aber keine Strömung generieren.

Bildung und Forschung

Bildungsevaluation
Die Leistungsbilanzen ernüchtern doch sehr:
Was Hänschen gelernt hat, braucht Hans meist nicht mehr.

Burn-Out-Prophylaxe
Ein Lehrer will in seinen Klassen
die Doofen ganz in Ruhe lassen:
„Ein Geistesblitz, sind wir mal ehrlich,
wär´ bei ´nem Strohkopf brandgefährlich."

Gegen lebenslanges Lernen und Vergessen
Was gegen ständiges Lernen spricht:
Nur Nichtgelerntes vergisst man nicht.

Einbildung ist auch eine Bildung
Bei Meinungsforschung sah mit Schrecken man,
dass man ´ne Meinung sich auch einbilden kann.

Bildungsurlaub
Bildungsforscher es seit langem ahnen:
Reisen bildet – Staus auf Autobahnen.

Bildungsprognosen
Ein Lehrer meint: „Da muss man nicht mal tiefsehn:
Pisa-Studien können doch bloß schiefgehn!"

Knallforsch
Nach der Ansicht des neuesten Forschungsberichts
war der Urknall nichts mehr als viel Lärm im Nichts.

Laktosefrei
– Soziologische Ernährungswissenschaft –
Man hat es geahnt, doch erst jetzt kam heraus diese Chose:
Für Intoleranz benötigt man keine Laktose.

Zukunftszweifel
Manch Zukunftsforscher zweifeln, ob sie´s je erfassen:
Wohin wohl kommen wir, wenn wir uns gehen lassen?

Unerhört
Akustikforschung unergründlich:
Stille ist geräuschempfindlich.

Techno-Skepsis
Was hat Technisierung denn letztlich vermocht?
Der Tauchsieder auch nur mit Wasser kocht.

Theorie und Praxis
„Denn grau ist alle Theorie" – das scheint genehm.
Erst in der Praxis wird dann schwarz geseh´n.

Lyrische Momente

Lyrische Impressionen
Bei Lyrik ist zumeist mehr drin,
als auf den ersten Blick im Sinn.

Poesie und Prosa [2]
Oh kennst du diesen einzigartigen Moment,
wo plötzlich alles Sinn ergibt, man brennt? –
Ich auch nicht.

---

[2] Die beiden ersten Zeilen sind als Poesie mit Emphase zu lesen.
In der 3. Zeile kommt der steile Abfall in die Prosa.

Abriss der Philosophie

Vage Ahnungen
Ich ahne es dunkel, doch Ahnung habe ich keine. –
Ich kann jetzt auch nur vermuten, was ich damit meine.

Nichts als Freude
„Nichts macht Spaß", freut sich der Nihilist,
weil das Nichts sein Non-plus-ultra ist.

Pures Nichts
Auch unter Nihilisten soll´s Puristen geben,
die nach nichts andrem als der reinen Leere leben.

Wenn das nichts ist?
Kurz und knapp, durch nichts besticht´s:
Alles in allem ist nichts nur nichts.

Unguter Tausch
– For nothing –
„Nichts für ungut", sagt man häufig so dahin.
„Welch ein mieser Tausch!" kommt mir da in den Sinn.

Vom „Geworfensein" der menschlichen Existenz [3]
Dass man dagegen nichts machen kann:
Wo man auch hingeht – da ist man dann.

Rundheraus
– Ein weiterer Thaleskreis –
Beim Kreis ist Effizienz mit Geiz gepaart:
Es wird an allen Ecken und Kanten gespart.

---

[3] Die Philosophen unter den Lesern erkennen natürlich sofort, dass hier Heideggers Fundamentalontologie und Sartres Existentialismus rezipiert, diskutiert, persifliert und auf den Punkt gebracht werden.

Konsequentes Dilemma
Ist ein Dilemma letztlich in Essenz
nicht nur der Lohn von zu viel Konsequenz?

Beunruhigendes Gedankenspiel
Dass von jedem Gedanken, der sich denken lässt,
auch das Gegenteil wahr sei, stellt entsetzt man fest.

Virtuelle Realität
– Eine Realsatire –
Virtuelles Gestrüpp des tatsächlichen Gegeneinanders:
In der Realität ist die Wirklichkeit wirklich ganz anders.

Formulierungsfinessen
Natürlich hätt´ ich das auch anders sagen können,
doch dann wär es ja leider nicht mehr meins zu nönnen.

Detailwissen
Ne freudige Botschaft für Sünder und aller Welt´s Heil:
Es gibt keine Hölle. Der Teufel der steckt im Detail.

Abzählreim des Konsumzeitalters
Consumo, ergo sum. [4]
René Discount ist dumm.

Hunde-Elend
Ein Philosoph doziert recht gern
und scheint sich tierisch dran zu laben:
„Die Suche nach des Pudels Kern –
liegt da nicht stets der Hund begraben?"

---

[4] deutsch: „Ich konsumiere, also bin ich." Eine weitere Verballhornung des berühmten „Cogito, ergo sum" („Ich denke, also bin ich") von René Descartes. Andere Varianten wären z.B. „Ich denke, also spinn ich", „Ich stinke, also bin ich", „Ich summe, also bien ich", „Moskito, ergo summ", „Handy brumm, ergo sum".

Wassermühle
Ein Philosoph denkt schon seit Wochen
und martert sich ganz ohnegleichen:
„Wenn alle nur mit Wasser kochen,
wer kann dann wem das Wasser reichen?"
Bei dieser Frage macht er schlapp
und gräbt sich selbst das Wasser ab.

Hausverbot
Ein großer Redner ohne Maßen
ist Sokrates auf allen Straßen.
Zu Haus riskiert er keine Lippe –
das Sagen hat hier die Xanthippe.

Philosophische Fragen
Soll Philosophen Lob und Dank gebühren,
wenn sie Absurdes ad absurdum führen,
der Negation der Negation nachspüren?
Oder sind's doch bloß Precht'sche[5] Starallüren?

Peter der Große
Recht streitbar zeigt sich Sloterdijk,[6]
wenn andern er die Meinung geig.

Relevanz der Irrelevanz
Die Faszination vom Irrelevanten –
eine der Philosophiekonstanten.

Sokratische Demut
Ein Philosoph nach altem Stil:
„Soviel ich weiß, weiß ich nicht viel."

---

[5] Richard David Precht, der von Vielen und vor allem auch von
sich selbst als ein großer Gegenwartsphilosoph angesehen wird
und ein wenig eitel scheint.
[6] Peter Sloterdijk, großer dt. Gegenwartsphilosoph

Nach Gutdünken
– Transzendentale Meditation –
Ob je ein Philosoph es löse,
was jenseits ist von Gut und Böse?

Uhr-Faust
Nun steh ich hier, ich armer Tor,
und meine Uhr geht nach wie vor.

Umgang mit Fehlern

Stolperfalle
Als Trost, wenn du gestürzt mit lautem Knall:
Das Stolpern lernt der Mensch von Fall zu Fall.

Viele sind berufen, wenige auserwählt
Viele, die durchaus auf richtigem Wege sind,
laufen jedoch in die falsche Richtung geschwind.

Ode an einen Verkannten
– mit Emphase und Pathos vorzutragen –
An des Menschen Irrtümern reibst du dich auf,
korrigierst ihre Schwächen und Fehler zuhauf,
opferst dich Stück für Strich und nimmst ab immerzu.
Lob und Dank dir gebührt, oh Radiergummi, du!

Heutige Fehlerkultur
Wenn de dich verschrieben haste,
drückste die Entfernen-Taste.
Oder lässt im Weitergehn
einfach alle Fehler stehn.

So richtig falsch
Für Leute sehr wichtig, wenn Sorge setzt rasch ein:
Was heute nicht richtig, kann morgen ganz falsch sein.

Fehlkalkulation
Wenn krass die Fehler schwirren,
Warnleuchten immer gelber,
so lass dich nicht beirren
und irre lieber selber.

Bedenklich
Warum bedenken wir Vieles erst dann,
wenn's bedenklich geworden ist irgendwann?

Wasserfelle
Wenn du bemerkst mit großem Schreck,
dir schwimmen alle Felle weg,
dann solltest du dich ernsthaft fragen:
Was musstest du sie denn zum Wasser tragen?

Bedenkzeit
Wenn wir uns für's Nachdenken keinerlei Zeit mehr schenken,
ist's höchste Zeit, darüber mal nachzudenken.

Nachteil
All die sich mit Nachdenken nicht grad beeilen,
behelfen sich lieber mit Vorurteilen.

Dummdreist
Der Demagoge spricht zu seinem Wähler:
„Mit Nachdenken versaut man sich die Fehler."

Gilt nach wie vor
Es wurde festgestellt (das wissen selbst die Viecher):
Wer auf die Nase fällt, hat keinen guten Riecher.

Unwägbar
Wer alles auf die Wasserwaage legt
und dann auch noch den tiefen Glauben hegt,
dass dadurch nichts mehr schiefgeh'n wird,
der irrt!

Lernen für die Zukunft
Ist das nicht herrlich, wenn man sich in Zukunft irrt:
aus Fehlern lernen, die man erst noch machen wird?!

Vom blinden Huhn
Ein Pfuscher will's gelungne Werk nicht akzeptieren:
„Dass man es richtig macht, das kann schon mal passieren."

Unsichere Zeiten
Je schneller man zurückfällt, heißt´s verstohlen,
um so mehr Zeit wir haben aufzuholen.

Rätselhafte Einsicht
Dem Pfuscher ist´s ein Rätsel stets:
Kaum macht man´s richtig – und schon geht´s!

Rechts- und Richtungsstreit
Frage: Sollen wir den rechten Weg verlassen,
wenn der linke richtig ist, und ihn verpassen?

Rien ne va plus
Ein wenig spät zum Haareausraufen:
Wenn nichts mehr geht, ist alles gelaufen.

Verschlafen
Ein Frankfurt-Reisender sagt sich in Mainz:
Ein böses Erwachen ist besser als keins.

Kopflastig
Was uns Misserfolgsverwöhnte deutlich zeigen:
Auch der Misserfolg kann uns zu Kopfe steigen.

So recht und schlecht
Du bist im Recht.
Doch´s geht dir schlecht.
Du malst dir aus:
Wie komm ich da wohl wieder raus?

Stellvertreter
Denen, die Stillstand erbeten,
man hiermit gerne verzeiht:
Die auf der Stelle treten,
geh´n wenigstens niemals zu weit.

Rechthaberei
Wer glaubt, stets Recht zu haben, glaubt ja nicht,
wie viel von sich das Gleiche glauben schlicht.

Postfaktisch
Die Tatsachen grad mal ganz schnell zu verdrehn,
ist allemal leichter als sie zu verstehn.

Undenkbar
Wenn du geirrt hast, das muss dich nicht kränken:
So dumm wie's kommt, kann man einfach nicht denken.

Auf dem Holzweg
Auf Irrwegen fällt es uns peinvoll ein:
Grad Holzwege können sehr steinig sein.

Läuft so
Ist das nicht manchmal wirklich dumm:
Es klappt, und keiner weiß warum?!

Angler- und Jägerlatein
Selbst beim Scheitern noch Prahlen und eitler Schein:
„Am Ende mit seinem Latein zu sein"? –
Wer kann denn heut überhaupt noch Latein?!

Falsches Mantra
Ein Gauner hat Meditationskurs gebucht,
weil er in Versenkung verschwinden versucht.
Doch als er am Ende im Diesseits noch hockt,
da fühlt er, man hat ihn in Irre gelockt.

Falsch verbunden
Ne Frage, die ich mir zuletzt
gestellt hab und die maßlos quält:
Warum ist eig'ntlich nie besetzt,
wenn man 'ne falsche Nummer wählt?

Vergeigt
Das Solo war schlecht vorbereitet,
der Geiger schien zu zartbesaitet.

Im Spinnennetz
„Mein Leben hängt am seid´nen Faden",
beklagt die Fliege ihren Schaden.

Hautproblem
„Da will ich endlich meine Haut zu Markte tragen,
kann aber nicht aus ihr heraus", hört man wen klagen.

Humor eines Delinquenten
Kurz vorm Galgen hat´s ihn zu der Einsicht gedrängt:
Es ist Galgenhumor, wenn man trotzdem hängt.

Grüner wird´s nimmer
Der, wer den Ast absägt, auf dem er sitzt,
ist auch auf grünem Zweig rasch abgeblitzt.

Haarproblem
Dem Kritiker ist der Genuss recht schnuppe:
Wer stets das Haar sucht, dem entgeht die Suppe.

Eigentor
Der Trainer die Leviten liest:
„Ein Tor, der sich ins eigne schießt."

Harte Erfahrung
Wer zwischen den Stühlen sitzt, fühlt hart wie´s geht:
er sitzt auf dem Boden der Realität.

Nicht übertreiben
Beim Potemkin-Dörfer Bauen
bloß nicht auf den Putz noch hauen!

Daneben
Danebenliegen scheinen Politik-Gestalten
für ´ne bequeme Ausgangsposition zu halten.

Verpasst
Viel zu oft und zu spät wird das Kind erst beim Namen genannt,
wenn´s in Brunnen gefallen schon nicht zur Debatte mehr stand.

Dummer Spruch
Wenn´s wieder mal vertrackt zum Haareraufen:
dann lieber dumm gestellt als dumm gelaufen.

Wer rastet, der rostet
Was viele inaktive Rentner uns beweisen:
So mancher rostet sich so durch zum alten Eisen.

Torwand
Wer den Teufel an die Wand malt schon bevor
diese überhaupt erst steht, scheint mir ein Tor.

Denk positiv!
Bei Bestrafung da sieh es so in deinem Zorn:
Jeder Tritt in den Hintern ist ein Schritt nach vorn.

Cum grano sandis
Das Sandkorn ist der Havarie zuliebe
nun mal die kleinste Einheit im Getriebe.

Herrschaftswissen
Wer tief gefallen ist, weiß wenigstens Bescheid,
wie´s oben aussieht in der rauen Wirklichkeit.

Im Schadensfall
Als wär´s nicht genug, kommt einer und kräht:
„Schaden macht klug, aber immer zu spät!"

Langweiler
Wenn die Leute mit Tomaten nach mir werfen,
schwant mir langsam: Bin wohl nichts für schwache Nerven.

Handfestes Chaos
Wenn die linke Hand nicht weiß, was sie grad tut,
und welche Hand die rechte wäscht – das ist nicht gut.

In der Sackgasse
Soll man zur Umkehr sich bequemen,
wenn Sackgassen kein Ende nehmen?

Rät-o-romanisch
Wer mit seinem Latein am Ende,
sollte Spanisch lernen behende.

Die Letzten werden die Ersten sein
Als Schlusslicht musst du wahrlich dich nicht grämen:
beim Rückzug wird man dich als Leuchte nehmen!

Endlos-Schleife
Sackgassen, die kein Ende nehmen –
blanker Horror, Endlos-Grämen.

Was ist Wahrheit?
Als Trost, wenn etwas dir den Atem nimmt:
Es muss nicht alles wahr sein, nur weil's stimmt.

Geheimwissen
Das Wissen ist nutzlos, wenn keiner es weiß,
dass man etwas weiß. – Umsonst aller Schweiß.

Geheimes Nichtwissen
Der Tipp ist heiß, ererbt von einem weisen Alten:
Was man nicht weiß, das sollte man für sich behalten.

Glauben und Wissen
Wer glaubt zu wissen, sollte wissen:
er glaubt. — Und muss das Wissen missen.

Vernarrt in Kreativität
Wenn du denkst, du hast was narrensicher umgesetzt,
hast du meist der Narren Einfallsreichtum unterschätzt.

Recht und Unrecht
„Vielleicht hab ich nicht immer recht", sagte sie,
„doch unrecht, nein unrecht das habe ich nie!"

Resterampe

Durchsetzungsvermögen
Werbeslogans verwirren mitunter doch sehr:
Billige Sofas setzen sich durch mehr und mehr.

Etikettenschwindel
Man kann mit Kreissägen, wer weiß weswegen,
nur gradeaus und keine Kreise sägen?

Zweckentfremdung
„Der Scheck heiligt die Mittel." –
Den Zweck beleidigt der Titel.

Freiwurf
Manch Bumerang kommt nicht zurück
und wählt die Freiheit sich zum Glück.

Kontrastarm
Ist Farbton nicht vollkommen einerlei?
Auch Hellseherei ist Schwarzseherei.

Durch und durch anmaßend
„Durch mich kann jeder hören",
will uns die Wand betören.

Von wägen
Die Waage wiegt viel – ist aber nicht schwer?
Das kommt alles bloß vom Transitiv her!

Self-fulfilling prophecy
Als falsch sich ein Prophet enthüllt,
der Prophezeiung selbst erfüllt.

Die im Dunkeln sieht man nicht
Wie viele Hellseher wohl bei uns leben?
'Ne hohe Dunkelziffer scheint es da zu geben.

Zielgruppenorientiert
– Mit viel Gespür –
`Ne Stellenanzeige, die lautete so:
„Hellseher gesucht. Sie wissen schon wo."

Darkrooms
Demoskopen verschweigen sie fürsorglich:
Dunkelziffern sind trübe Kapitel für sich.

Rache für die Mausefalle
Disneyland – die größte Menschenfalle,
erbaut aus Rache von ´ner Maus für alle.

Anstößige Wahrheit
Aus einem Körnchen Wahrheit wird sehr oft
ein Stein des Anstoßes ganz unverhofft.

Alles fließt
Unsre Sprache ist im Fluss.
Geht sie baden dort zum Schluss?

Beim Hellseher
Die Qualität mir doch recht bedenklich erschien:
Warum braucht man beim Hellseher einen Termin?

Un-Schuld und Sühne
Inserat mit Grusel-Schock:
„Unschuldslamm sucht Sündenbock."

Von Wegen
Viele Wege führ´n nach Rom, sagt man,
aber noch viel mehr vorbei daran.

Land und Natur

Von Groß- und Kleinbauern
– Ein Sittengemälde der Agrikultur –
Ein Bauer schaut ins Scheuerlein
und macht ganz laut ein Bäuerlein.

Frühlingserwachen
Vorfreude hält ein Gärtner für verfrüht
und mahnt: „Wer kann schon wissen, was uns blüht?"

Hormonskandal
Was ist nur mit den Hormonen passiert,
wenn eine Kuh einen Ochsen anstiert?

Bauernschläue
Beim Schreiben des Sprichworts „Was der Bauer nicht kennt …",
meint der Sprachforscher, habe wohl jemand gepennt.
Und als ursprünglich echt benennt er:
„Was der Bauer nicht frisst, das kennt er."

Hochmut kommt vor dem Fang
Ein Fisch will hoch hinaus und merkt erst spät,
dass solch ein Plan meist nur mit Angel geht.

Klein, aber frei
Ob Fische, die durch Maschen eines Netzes rutschen,
sich minderwertig fühlen beim Entflutschen?

www.die-antwort-weiß-ganz-allein-der-wind
Ein Wetterfrosch im Wetterglas wirkt weihevoll:
Woher weiß wohl der Wind, wohin er wehen soll?

Entscheidungs- und Gedächtnisproblem
Buridans Esel dürfte es wenig entzücken:
Zwischen zwei Heuhaufen gibt's keine Eselsbrücken.

Amphibivalenz
Doch lieber einen Frosch wachküssen,
als eine Kröte schlucken müssen.

Größenwahn
– Goldrausch –
Ein Silberfischchen strebt nach Reich-
tum in ´nem nahen Goldfischteich.

Zufallsfund
– Eine Bauernweisheit –
Dem Bauer schwant, wenn alle Kühe tot im Kuhstall:
Ich glaube, nur von Fall zu Fall ist Zufall Zufall.

Bockmist
Was für ein Rat: ´nem Bock zu sagen:
„Mach keine Zicken!" – Nicht zu ertragen!

Ziegenkäse
Die Ziege döst an ihrem Pflock,
der Bauer denkt beklommen:
Schon manche Ziege mit null Bock
ist auf den Hund gekommen.

Was soll das?
Warum nur beißt ´ne Hündin rüde
´nen Katzenfreund, der hundemüde?

Schnee-bekifft
„Ich mach dich platt!" schreit mit entschlossner Miene
die kleine Schneeflocke zu der Lawine.

Aufregend
„Seine Einstellung ist´s, die beim Regen mich stört:
stets von oben herab!" ruft die Pfütze empört.

Regenschauerlich
Wie Regenpfützen sich vor Regen schützen,
wenn Regenmützen eher wenig nützen?

Dampfplauderei
Dampf ist Wasser, das bei großer Hitze
aus dem Staub sich macht, damit's nicht schwitze.

Windstille
Was tut der Wind, wenn er nicht weht?
Ob er zur Ruh´ ins Windbett geht?

Schneckensnobismus
Die Wegschnecke nutzt gern das Privileg:
Wo eine Villa ist, ist auch ein Weg.

Flohzirkus
Wild geplagt von Flöhen klagt der wunde Rüde:
„Warum werden Flöhe niemals hundemüde?"

Windspiel
Ein Wort- und Windspiel, das ich nicht versäume:
Die Windstille ist Rauschgift für die Bäume.

Über Berg und Tal
Wenn der Wille außer Bergen könnt´ versetzen
auch noch Täler — ja das würde richtig fetzen!

Wettern
Ein jeder schimpft des Wetters wegen,
doch keiner tut etwas dagegen.

Nonsens Wetterkapriolen
Ich freue mich, wenn schlechtes Wetter ist, so recht.
Denn wenn ich mich nicht freu, ist auch das Wetter schlecht.

Variationen über
Der frühe Vogel fängt den Wurm

Alles eine Frage der Zeit
Kommt früher Vogel reingeschwebt,
der späte Wurm nur überlebt.

Verspätungsalarm
Der Wurm sich mit dem Vogel zofft,
wenn der erst spät kommt unverhofft.

Ein Wurmfortsatz
„Der frühe Wurm hat einen Vogel,
jedoch nur einmal", sagt Ornithologel.

Letzte Worte eines Morgenmuffels
– Früh krümmt sich der Wurm –
Früher Wurm zum Eichelhäher:
Würmer hassen Frühaufsteher!

Anti-Wurmkur
Der Wurm gibt, um sein Leben zu retten,
dem Vogel heimlich Schlaftabletten.

Trommeln für den Frieden
Die Würmer morgens lang die Trommel schlagen,
dem frühen Vogel schlägt das auf den Magen.

Die Gnade der späten Geburt
Der späte Wurm dem frühen Vogel twittert:
„Jetzt bist du sicher sauer und verbittert."

Wurm-Späti
Damit auch der späte Vogel was fängt,
wird Ware gestaffelt herausgehängt.

Spätzeit
Der späte Wurm zum späten Vogel spricht:
„Das ist gemein, und Mogeln gültet nicht."

Späte Rache
„Auch den frühen Vogel fressen irgendwann
mal die Würmer", triumphiert der Würmermann.

Sprichwörtlicher Irrtum
Ein Kreuzfahrt-Tourist sich darüber mokiert,
dass man ihm ein „Early-Bird-Frühstück" serviert:
„Das möchte ich nicht, das kannst du vergessen.
Ja soll ich zum Frühstück denn Würmer essen?"

American Hero
– Worm first –

– Worm up 👍, Bird down ✈ –
Oh my God, this stupid, f... early bird
again my greatest morning catwalk stört.
But I shot him nieder, direct ins Gefieder.
I gave him the rest ´n peace in the nest.
#covfefe

Geflügelte Worte

Ab ovo
—Hühnermist —
Schlimmes Los vieler Hühner auf dieser Erden:
schon als Ei in die Pfanne gehauen zu werden!

Der Rest ist Schweigen
Beklagt sich, wer Geflügel schlachtet,
dass niemand seine Arbeit achtet —
er ist selbst schuld, dass es so geht
und danach dann kein Hahn mehr kräht!

Wer die Nachtigall stört [7]
Ein Mensch beim Nachtigall-Verklapsen:
„He, Nachtigall, hörst du mich trapsen?"

Gegen Transparenz
Mancher Vogel spürte es mit Vehemenz:
Scheiben schaden sehr durch ihre Transparenz.

Gegen die Angst vor dem Fuchs
Ist dieser Trost nicht sehr auf Sand gebaut,
wenn Mutter Gans den Küken anvertraut:
„Ja, auch der Fuchs bekommt ´ne Gänsehaut."?

Von der Arrogans
— Gänseschmalz —
„Ein Arroganter ist mir lieber
als nichts", stöhnt Gans im Liebesfieber.

An den Fuchs
Wär´ ich ´ne Gans, würd ich dir schreiben:
Du kannst mir mal gestohlen bleiben.

---

[7] nach einem Romantitel von Harper Lee

Der kleine Unterschied
– Das Spiel ist aus –
Sind Gänse klein, dann dürfen sie noch hoffen.
Als Gänseklein jedoch ist nichts mehr offen.

Adventsstimmung
Gänse fragen sich im Stallarrest:
„Gibt´s ein Leben nach dem Weihnachtsfest?"

Anaphylaktischer Schock
– To bee or not to bee –
Von einer flotten Biene Schein
geblendet, brach das Schienebein
ein Imker sich mit Riesenschock.
Drum läuft er jetzt am Bienenstock.

High Noon
Wann kriegt die Eintagsfliege ihre Midlife-Crisis?
So zwischen 12 und 1, heißt es, doch keiner weiß es.

Trägheit und Gelassenheit

Ruhe statt
Neben dem Schreibtisch eindösend fällt mir bloß noch ein:
Wo ein Wille, da sollte ein Sofa nicht sein.

Hochbegabt
Viele Dinge fallen mir einfach so zu. –
Die Augen zum Beispiel, und manchmal die Tür im Nu.

Bescheiden
Ich muss nicht immer im Mittelpunkt steh'n.
Es könnte genauso mit Sitzen geh'n.

Toy, toy, toy
Nichts ist unmöglich (wenn man ... fährt),
aber das meiste ist nicht der Mühe wert.

Gute Kondition
Ich führe ein Leben mit sehr viel Würde.
Und Könnte und Wäre – ganz ohne Bürde.

Entlaufen
Neulich hat mal ein Zettel am Zaun gehangen:
„Falls ihr mich sucht: bin etwas zu weit gegangen."

Ver-Lust
Mitunter passieren mir komische Sachen:
Da will man in Ruhe mal saubermachen.
Und was geschieht? Als hätt' ich's gewusst:
Man hat keine Lust!

Zeitmanagement
Des Müßiggängers ganze gelass'ne Glückseligkeit:
Ich habe heute nichts vor und liege ganz gut in der Zeit.

Gegen Sparzwang
Für alle Sparsamkeits-Anhänger:
Ein Sparschwein, das nicht spart, lebt länger.

Bedenkenträger
Manchmal denk ich, wenn ich grad nix tu:
Komisch, Trägheit schlägt ganz plötzlich zu!

Bedürfnispyramide
– Erst kommt das Fressen, dann kommt die Moral –
Oft scheint´s, als würde ich tiefschürfend grübeln
und denken, ganz versunken, selbstvergessen.
Doch trügt der Schein, man mög´s mir nicht verübeln,
ich denk meist nur: Was werd ich später essen?

Ein resignativer Toleranzbegriff
Toleranz – das ist vor allem die Erkenntnis:
Aufzuregen lohnt nicht, auch bei Unverständnis.

Was tun?
Statt sich zu fragen: „Was soll ich tun?"
scheint „Soll ich was tun?" die Frage nun.

Entschleunigung
Wartegedanken, wenn wieder mal Schlange man steht:
Warten bewirkt, dass die Zeit nicht zu rasch vergeht.

Konkurrenzlos
Da freut er sich, der faule Stenz:
Der Letzte hat nie Konkurrenz.

Gleichmacherei
Wer sich auf Konkurrenzkampf einlässt, der riskiert,
dass seine Einzigartigkeit er so verliert.

Tun und Lassen
Ich denk, wenn mancher rackert ohne Ruh'n:
Die Wichtigtuer müssen halt so tun.

Missfallen
– Kein Aufhebens machen –
Egal ist alles allen,
sogar des Schicksals Lauf:
Die Würfel sind gefallen,
und keiner hebt sie auf!

Eile mit Weile
Rein gar nichts kann so wichtig sein bisweilen,
dass man das Abwarten müsst' übereilen.

Heavy Metal
Was ist denn, oh Mensch, nur dein eiserner Wille
schon gegen der bleiernen Müdigkeit Stille?

Des Menschen Wille ist seine Achillesferse
Wenn wir was tun sollen, beschwerliche Sachen:
Man muss nur nicht wollen, dann kann man nichts machen.

Der richtige Zeitpunkt
Ob das wirklich immer breit passt:
Warte niemals, bis du Zeit hast?

Wartefolter
– Ein Dilemma –
Bei Unruhe das Warten dich zur Ruhe zwingt,
doch ohne dass dabei dir wahre Ruh' gelingt.

Lob des Abwartens
Nichts ist so dringend hier auf Erden,
was nicht noch dringender könnt' werden.

100%-iger Arbeitsschutz
Man muss nicht nur nicht wollen, nein,
sondern auch nicht befähigt sein.

Aus, Vorbei!
Wenn am End´ ich könnte, wie ich wollte,
würd´ ich nicht mehr wollen, wie ich sollte.

Schön zu wissen
Ob du aufstehst mit Geschnauf,
oder liegen bleibst zuhauf:
Jeder Tag nimmt seinen Lauf.

Wollenmüssen
Und so klingt des Willens letzter Schluss:
Es fällt schwer zu wollen, wenn man muss.

Aus . Weg
Ganz ohne Ziel – da werden Wegbereiter träge:
Wer keine Ziele hat, der braucht auch keine Wege.

Alltagstrott
Meinem Tagesablauf es an Gleichklang gebricht:
Manche Tage vergehen wochenlang nicht.

Ordnung muss sein!
Nichts gegen Leute, die Berge versetzen zuhauf.
Hauptsach´, sie räumen danach wieder auf.

Morgenstimmung

Morgen
Erster Gedanke nach dem Erwachen:
Schon wieder heute?! – Da kann man nix machen.

Morgengrauen
Beim Hühnerschlachten hilft kein Schreien und kein Zedern:
Beim ersten Hahnenschrei war´s Huhn schon aus den Federn.

Schon gewusst?
Morgendliche Antriebslosigkeit
hilft gegen kaltes Duschen jederzeit.

Weckruf
Ich schleich mich an meinen Wecker heran
und schreie ganz laut: „Na, wie fühlt sich das an?"

Morgensorgen
Die Morgen-Orientierungs-Müh:
Wer bin ich und wieso so früh?

Zu spät
Wenn ich morgens früh erwache
und die Sonne untergeht,
ganz egal, was ich noch mache,
komm ich sowieso zu spät.

Besorgniserregendes Morgen-Memo
Denk dran, heute ist das Morgen,
das dir gestern machte Sorgen.

Morgennebel
Die Feststellung „Morgen ist wieder ein Tag" kommt stets mehr
mit steigendem Alter als bloße Vermutung daher.

Relativitätstheorie

Alles ist relativ
Ein jeder Standpunkt ist nur relativ:
Dem Turm von Pisa steht ganz Pisa schief.

Vom Regen in die Traufe
Wie schön kann Regen sein, wird meist erst klar,
wenn´s heftig hagelt, graupelt immerdar.

Schwarz-Weiß-Denken
In einer Herde schwarzer Schafe ist zur Straf´
das weiße Schaf der Herde schwarzes Schaf.

Früher war alles besser
Gestern zum Beispiel da lag ich
um die Zeit im Bett noch behaglich.

Relative Höllenqualen
Alles in der Welt ist jeweils anders je nach Stelle:
Für den Teufel ist das Paradies die reine Hölle.

4. Hebelgesetz
Archimedes lächelt verschmitzt,
als er ihm Ausdruck verliehen:
„Wer am längeren Hebel sitzt,
wird nicht den Kürzeren ziehen."

Klaglos
Auch ein Klagelied ist Stimmungsmusik. –
Ob den Jammernden tröstet diese Replik?

Abgrundtiefer Fortschrittszweifel
Ein Rückschritt ist als Fortschritt anzusehen,
wenn wir vor einem tiefen Abgrund stehen.

Augenmaß
– Mengenlehre und Relativitätstheorie –

"Unter vier Augen lass uns reden!"

Wenn Hermes so zu Argus spricht
(dem Wächter mit den hundert Augen),
dann klappt das Übertölpeln nicht,
der Satz wird nicht als Lösung taugen.
Denn 98 Rest-Pupillen
verhindern fest das Argus-Killen.

Als Hermes merkt, dass dem so ist,
ersinnt er eine fiese List:
Statt des Gesprächs wählt er das Flöten –
und wird im Schlaf den Wächter töten!

Auch bei Odyss der Satz versagt,
als der den Polyphem befragt.
„Geht leider nicht, es tut mir leid!",
gibt der Zyklop Odyss Bescheid.
Da hat er Recht und lacht verschmitzt,
weil nur ein Auge er besitzt.

Doch sieht Odyss – weil listenreich –
die Lösung des Problems sogleich:
"Wirf nur mal schnell ein Auge drauf!" –
Das bringt dann doch den Wunschverlauf.

Was führte jeweils zum Verdruss?
Bei Argus ist´s der Überfluss,
hingegen wird bei Polyphem
ein Mangelzustand zum Problem.
Das zeigt: die Wirkung hängt ganz strenge
an Augenmaß und Augenmenge.

Und schließlich zeigt´s: Es hilft das Reden
von Fall zu Fall, doch nicht auf jeden.
Wer fesseln will, braucht guten Text
oder Musik, die groovt, behext.

Alles nur Masche?

Was schon so manchen Maschendraht aufrieb:
Die Löcher sind das Wichtigste am Sieb.

Wo Licht ist, ist auch Schatten

Wenn jemandem ein Licht aufgeht,
ein andrer schnell im Dunkeln steht.

Blickwinkel

Was für die Raupe das schlichte Ende der Welt,
dem Rest der Welt als Schmetterling gefällt. [8]

Zeit ist relativ

Es tönt der Trinker-Raucher-Chor:
„Wir werden auch nicht länger leben,
wenn's Trinken, Rauchen wir aufgeben.
Es kommt uns lediglich so vor."

---

[8] nach Laodse

Zeitenwende

Zeitverschiebung
„Von gestern ist, wer heute schon für morgen hält."
Wer hat in aller Welt denn so was festgestellt?!

Früher und später
Wie man auch die Sache dreht:
Früher war´s noch nicht so spät.

Alles hat seine Zeit
Selbst „Ewiggestrige" gibt´s nicht mehr weit und breit:
Anachronismen ändern sich von Zeit zu Zeit.

Nostalgisch
O gib mir bitte die Vergangenheit zurück,
da hatt´ ich eine helle Zukunft voller Glück!

Was heißt schon Anfang?
„Ich dachte, ich wäre am Ende,
dabei steh ich wieder am Anfang."
Wovon nur spricht dieser Satz Bände?
Ist´s freud- oder leidvoller Anklang?
Spricht´s jemand, der neuen Mut geschöpft,
nachdem er zuvor beinahe geköpft?
Oder sagt´s ein „Mensch-ärgre-dich nicht"-Spieler schlicht,
der auf Anfang zurück muss? – Wir wissen es nicht!

Denke heute schon an morgen!
Bedenke, heute schaffst du die Vergangenheit,
mit der du morgen leben musst die ganze Zeit.

Aus Neu mach Alt
Nun, wer wollte es bestreiten:
Auch die „guten alten Zeiten"
war´n mal „schlechte neue Zeiten".

Ewige Zeitverschiebungen
Wie schafft ein Ewiggestriger das Morgen?
Muss er vom Heute sich das Gestern borgen?
Und hierbei dann das Vorgestern entsorgen?
Passiert das Gleiche dann auch übermorgen?

Berliner Philosoph
Da kiekste, wa! Et jeht die Menschen wie die Leute:
Een Mensch von jestern der war jestern noch von heute!

Geschichtsschreibung
Das, was ist, ist nichts im Vergleich zu dem,
was gewesen sein wird, damit es der Nachwelt genehm.

Zurück in die Zukunft
– Futurum III –
Weil sich Erinnerung öfter mal irrt:
„Nichts ist so, wie´s gewesen sein wird."
(Vergangenheit? Zukunft? Gegenwart? –
Wie solch ein Sätzchen bisweilen doch narrt!)

Gezeiten
Wer sich so was immer ausdenkt! Leute, Leute:
„Morgen hat ein ewig Gestriger sein Heute."

Retrolympics
Olympisches Motto der Nostalgie:
„Vorbei sein ist alles!" heißt deren Manie.

Yesterday
„Gestern war die Zukunft noch ´nen Tag
mehr wert", sich das Gestern heut beklagt.

Terminfalle
Hinterhältig uns die Zeit auflauert:
Es braucht alles länger, als es dauert.

Zeitentaumel
„Übermorgen ist morgen schon gestern",
hört man die Übermorgigen lästern.
„Morgen ist übermorgen schon morgen",
machen die Morgigen heute sich Sorgen.

Morgenlandfahrer [9]
Den Widerspruch im Auge habend:
Im Morgenland ist´s früher Abend?

Davor und Danach
Für alle Zu-Spät-Bemüher:
Danach war davor, bloß früher.

Was kann die Gegenwart dafür, dass …
Wir sollten es der Gegenwart vergeben,
dass wir heut nicht in jener Zukunft leben,
von der in der Vergangenheit wir träumten,
als wir vor Utopien überschäumten.

---

[9] Titel in Anlehnung an eine 1932 erschienene Erzählung von Hermann Hesse: Die Morgenlandfahrt.

Hoffnung

Verglüht / Verpufft
Was hat der Silberstreif gekonnt,
wenn weit und breit kein Horizont?

Zur Ermunterung
Ihr Hoffnungsvollen, wusstet ihr schon:
Hoffnung schadet der Resignation!

Innere Umkehr
Der Letzte hat in der Sackgasse Schwein:
Die Ersten werden die Letzten sein.

Schlimmer geht´s immer
Nicht alles ist so schlimm, wie´s scheint,
sondern viel schlimmer als man meint.

Hoffnungsanker?
Beim Anker man angeblich an die Hoffnung denkt. –
Mit schwerer Kette und auf Meeresgrund versenkt?

Hoffnungslos naiv?
Bei manchem ist die Hoffnung groß. –
Besser naiv als hoffnungslos.

Türen und Fenster
Solang noch eine Tür uns offen steht,
sind wir nicht weg vom Fenster und es geht.

Realitätssinn
Wenn du am seid´nen Schicksalsfaden hängst:
fast immer ist es schlimmer, als du denkst.

Scherzartikel
Man kann sein Leben sich von Herzen
durch allzu großen Ernst verscherzen.

Nicht ganz hoffnungslos
Weil Hopfen er und Malz verloren,
wirkt all sein Tun unausgegoren.
Das Schicksal ihn noch härter träfe,
verlör´ der Brauer auch die Hefe.

Aufhör´n!
Zu oft schon hat sich wer geirrt,
der hofft, dass es noch schöner wird.

Beschäftigungsprogramm
Hoffnungsforscher haben unlängst es bekräftigt:
Wer sich Hoffnung macht, ist wenigstens beschäftigt.

Wunschlos = hoffnungslos
Dass es immer was zu wünschen übrig lässt,
mach das Leben gut, stell´n wir zufrieden fest.

Aussichtslos
Damit bei Aussichtslosigkeit dein Gram verraucht:
Auch Keller sind meist aussichtslos und werd´n gebraucht.

Im Wege
Wo ein Wille, ist auch einer,
der im Weg steht, und sonst keiner.

Aufgeschoben ist nicht aufgehoben
Zauderern dies zum Begreifeln:
Zögern hilft gut beim Verzweifeln.

Ermunterung
Damit dir nicht der ganze Mut vergeht:
Als schlechtes Vorbild ist es nie zu spät.

Hoffnungsvoller Zynismus
So lässt sich´s Elend leichter ertragen:
Wünsche erfüllen heißt Hoffnung erschlagen.

Fürchte dich nicht!
Es wird doch immer eine Zukunft geben,
vor der du Angst hab´n kannst in deinem Leben.

Endziel
Ach, wie ist das doch gemein:
Mancher glaubt, am Ziel zu sein,
bevor er merkt behende:
„Ich bin ja nur am Ende."

Durchhalteparole
Wenn du mit Schicksal rum dich schlägst
und Stimmung dir verhagelt:
Solange du dein Kreuz noch trägst,
wirst du nicht drangenagelt.

In der Sackgasse
Allen Verzweifelten, die es vergaßen:
Sackgassen sind niemals Einbahnstraßen.

Die Hoffnung stirbt zuletzt, … aber sie stirbt
Selbst wenn du denkst, es geht nicht schlimmer –
ein Fünkchen Hoffnungslosigkeit glimmt immer.

Liebeslust und -leid

Mit dem 2. sieht man besser
Spricht Amor: Gegen Liebe auf den ersten Blick
hilft nur der zweite – das ist schon der ganze Trick.

Verbitterung
Sehr oft führt leider das Liebeslos
vom Paradiesapfel zum Gallapfel bloß.

Hassliebe
Hass braucht Liebe, sagt uns das:
Hasst du was, dann liebst du was.

Sadomaso-Spiel
Für wen von beiden wird die Lust wohl mehr gesteigert,
wenn ein Sadist dem Masochist die Qual verweigert?

SM pur
Der Masochist: So quäl mich doch!
Sadist: Ach nö, ich warte noch.

Von Last und Lust
Wird Lust zum Laster, du ein Lustmolch bist;
wird Last zur Lust, hingegen Masochist.

Narzisstische Treue
Als Vorteil kommt wenigstens das noch heraus:
Narzissmus schließt meist einen Seitensprung aus.

Narzisstische Liebeserklärung
Narziss fragt sich nach altem Brauch:
„Ich liebe mich. Liebst du mich auch?"

Solidargemeinschaft
Nur Eigenliebe jederzeit
beruht auf Gegenseitigkeit.

Vielfache Treue
Casanova behauptete ohne Scheu:
„Ich war in jeder Beziehung treu."

Mangel an Gelegenheit
So mancher ist nur tugendsam,
weil er nie in Versuchung kam.

Jenseits des Lustprinzips [10]
Ein Lustmolch, der geplagt von Frust,
sitzt da und hat zu nichts mehr Lust.

Überraschungseffekt
Die Frage hat manchen schon aufgescheucht:
„Schon mal ´nen Sarkasmus vorgetäuscht?"

Nervöser Magen
„Besser die Liebe geht durch den Magen
als auf die Nerven", die Köche uns sagen.

Lust und Frust beim Speed-Dating
Grad kennengelernt, doch ehe man sich versieht,
zak-bum, aus den Augen verloren, so´n Schiet!

Jahrmarktsstimmung
Was Partneragenturen oft beschämend zeigen:
Der Geist ist willig, und vom Fleische ganz zu schweigen.

---

[10] Titel einer Schrift von Sigmund Freud

Menschliches, Allzumenschliches

Durchwursteln
Ein jeder wünscht es, seinen Senf dazuzugeben,
doch keiner will das arme Würstchen sein im Leben.

Gedämpftes Lob
Ein Menschenkenner sagt: Der Mensch ist nicht nur gut,
auch unverbesserlich in allem, was er tut.

Fishing for Compliments
Wer Lob ablehnt, der möchte bloß erreichen,
dass man ihn zweimal lobt, ganz ohnegleichen.

Wichtigtuer
Gerade die, die keine Rolle spielen,
die machen oft Theater bei so Vielem.

Vorbehaltloser Hinterhalt
Wenn alle hinter dir stehen,
dann hat das den einfachen Grund,
dass vor dir die Gegend gefährlich sein könnte
und nicht sehr gesund.

Ärmlich
Die Ellbogenmentalität mancher Leute bemerkst du erst dann,
wenn sie auf den Arm nehmen wollen dich mal irgendwann.

Verzählt
Mathematiker oft sich im Alltag mit Aussagen quälen:
Auf berechnende Menschen da könne man selten nur zählen?

Familienidyll
Ist diese Mutter nicht widerwärtig?
„Kinder, kommt nörgeln, das Essen ist fertig!"

Vom Teilen
Auch wenn hinter Edelmut man sich verschanze,
so gilt doch: beim Teilen geht´s immer ums Ganze.

Verhüllt
Über den Haken einer Sache wird zumeist
der Mantel des Schweigens gehängt ganz geräuschlos und dreist.

Spontispruch
Wer sich gehen lässt, fragt nie,
wo das hinführ´n mag und wie.

Nachwehen
Nicht immer ist man klüger hinterher.
Manchmal auch schwanger, müder, Geld los und noch mehr.

Tapferitis
Tapferkeit muss eine Krankheit sein:
Viele starben schon an ihr gemein.

Passt scho irgendwem
Ein Trost bei sehr verkorksten Sachen:
Man kann´s nie allen unrecht machen.

Rosinenpickerei
Spinner sich dieses Wort als Ausrede suchen:
Lieber Rosinen im Kopf als Haare im Kuchen.

Der Mensch lebt nicht vom Brot allein
Wohlstandbürger merken oft erst ziemlich spät:
Lebensstandard heißt nicht Lebensqualität.

Exhibitionisten
Auch wenn wir sie in vielen Größen sahn:
Sie alle haben einen Blößenwahn.

Bloßgestellt

Am FKK-Strand wirkt er ziemlich müde, matt –
der Exhibitionist, der keinen Mantel hat.

Meister des positiven Denkens

Der Sündenbock sieht's Positive seiner Not:
„Ich bin ganz sicher nicht vom Aussterben bedroht."

Auf der K-lauer

Die letzte Chance für dich bei vielen Sachen:
das Ding in einem Kalauer zerlachen.

Die Einsamkeit des Langlachers [11]

Wenn du lange lachst, ist dir klar, was das heißt?
Wer zuletzt lacht, lacht ganz alleine zumeist.

Wer zuletzt lacht, den …

Was nützt, dass er am besten lacht, dem Letzten,
wenn ihn die Hunde letztlich bissen, hetzten?

Voll daneben

Der Mensch in seinem Tun und Streben
drängt oft mit voller Wucht daneben.

Sinnlos

Bei Verstockten kann man noch so wühlen:
Wer nicht hören will, will auch nichts fühlen.

Im Baumarkt

Verkäufer dreh'n schnell ihre Runden –
den Letzten beißen die Kunden.

---

[11] In Anlehnung an den Titel einer Erzählung von Alan Sillitoe: Die
Einsamkeit des Langstreckenläufers

Ode an das Leid
Der Alltag zeigt es immer wieder:
Alle Menschen werden rüder.

Stammtisch
Nur zwei von tausend Leuten können noch die Welt verstehn.
Einen von beiden kann man stets an jedem Stammtisch sehn.

Kinds-Pech
Wie soll´n wir das Kind denn beim Namen nennen,
wenn wir den Namen des Kindes nicht kennen?

Schadensbilanz
In unsern Tagen ergreift eine Einstellung Platz:
Niemand will Schaden, doch jeder will Schadenersatz.

Ochsentour
Was auf keine Kuhhaut geht, hat ganz verstockt
meist ein sturer alter Ochse blöd verbockt.

Treibjagd
Als leichte Jagd gilt über Stein und Stock
noch stets die Suche nach dem Sündenbock.

Ersatz-Schaden
´Nen Schaden schnell loswerden macht einen eigentlich froh.
Doch jeder will Schadenersatz. – Warum nur? Wieso?

Sittenverfall durch ubiquitäre Erreichbarkeit
„Dem Heute fehlt der Anreiz", klagt ein alter Dandy,
„denn unerreicht sind nur noch Leute ohne Handy."

Gipfel des Snobismus
Da weigert ein Snob sich, von schlimmster Couleur,
im selbigen Wagen zu fahr´n wie Chauffeur!

Sich wen schöntrinken
„Je später der Abend, umso schöner die Gäste." –
Gilt das auch, wenn´s kein´n Alkohol gibt bei dem Feste?

Von früh bis spät
„Je früher die Gäste, umso länger der Abend",
stöhnt der Gastgeber, „wenig erquickend und labend."

Überspannung
Welch ein Geizhals düsterer, finsterer Art:
wer am Ende des Tunnels das Licht sich spart.

Abhängen
– Schwarzer Humor –
„Eine Hängepartie wird meistens gemeistert
mit Galgenhumor", ruft der Henker begeistert.

Doppeltes Spiel
Tatermittler werden nicht des Lebens froh:
Mancher tut nur so, als täte er nur so.

Schmarotzer
Ein Parasit schmarotzt und lacht:
„Die Rechnung wird ohne den Wirt gemacht."

Promotion
Kess hat sich ein Starlet klein fürs Leben vorgenommen:
„Besser im Gespräch zu sein, als ins Gerede kommen."

Zielkonflikt
Wenn der Weg das Ziel, freut sich jeder sehr schräg:
Je falscher die Richtung, desto länger der Weg!

Stammtischparolen
Wer Klischees bedient ganz stramm,
hat ´nen treuen Gästestamm.

Nichts als Klischees
Dass jedes Klischee nicht richtig sei,
ist selbst ein Klischee, und zwar eins hoch zwei.

Gipfel der Bestechlichkeit
Bestechlichkeit zum Haareraufen:
Lässt sich ein Schlauer für dumm verkaufen!

Stichhaltig
„Durchweg alle Menschen sind bestechlich",
spricht und sticht die Biene ganz gemächlich.

Perfide
Die Ehrlichkeit ich hiermit auf die Spitze treibe:
Was zahlst du, wenn ich unbestechlich bleibe?

Tücken der Logistik im Beichtstuhl
Priester: „Hast du Laster, lass sie fahren!"
Spediteur: „Ja das mach ich doch seit Jahren."

Vergangenheitsbewältigung
Dass Vergangenheit sich nicht ändern lässt?
Memoiren-Schreiber stelln ́s Gegenteil fest.

Schwindelerscheinungen
Die Lügner recht oft über magische Kräfte verfügen:
So mancher kann tatsächlich schwindelerregend lügen.

Arm und Reich
Ob Milliardäre, Oligarchen und dergleichen:
Ist Luxus nicht ein Armutszeugnis für die Reichen?

Verschluss-Sache
Normalos freut ́s, wenn Überraschendes passiert,
der Logiker jedoch verschließt sich konsterniert.

Existenzfrage
Alle Menschen werden Brüder?
Wie Kain und Abel, immer rüder?

Chat im Net
Denen, die´s Chatten fürs Wir-Gefühl auserkoren:
Auch im Netz der Spinner ist man verloren.

Reziprokes Verhalten
Je schlechter jemand läuft nach Knorpelschäden,
je besser läuft es für den Orthopäden.

Armut satt
Ein Armer murmelt müde, matt:
„Wer gar nichts hat, hat alles satt."

Geschorenen-Urteil
Als Trost hab´n Friseure den folgenden Spruch sich erkoren:
Im Ernstfall da bleiben auch Glatzköpfe nicht ungeschoren.

Haariges Lob
„Hut ab vor den Friseuren." –
Ob die solch Lob gern hören?

Friseurgespräche
Ein Glatzkopf kann haarsträubenden Geschichten
kaum etwas abgewinnen, weiß man zu berichten.

Haarig
Ob Kahle, wenn sie sich in Haaren liegen,
wohl davon wieder graue Haare kriegen?

Dialogzeit
Männer lieben Dialoge wirklich sehr,
solange sie das Wort hab´n; danach dann nicht mehr.

Zettelwirtschaft
Wie sich einer verzettelt hat,
steht auf einem ganz anderen Blatt.

Weltschmerz
Dann lieber mitgenommen aussehn,
als stehn gelassen gleich nach Haus gehn.

Vom Gipfel des Opportunismus
Manch Opportunist hängt eifrig geschwind
sogar noch den Mantel des Schweigens in´n Wind.

Außergewöhnliche Belastungen
— Absetzbewegung —
Ein Satz, den Steuerbehörden nicht schätzen:
„Ich würde mich gern von der Steuer absetzen."

Grundsatzfrage
Hab´n wir uns nicht alle auf dieser Welt
schon einmal die folgende Frage gestellt:
Geht´s noch?!

Erblich
Der Mensch ist von Geburt an sterblich,
ein Übel, welches auch noch erblich,
wie Lebensmittel leicht verderblich. —
Bestatter freut dies rein gewerblich.

Geständnis
Ein Häftling ist, verkürzt gesagt und platt,
ein Mensch, der sitzt, weil er gestanden hat.

Esaus Erbe
Der Astronom liebt Linsensuppe,
dann sind ihm selbst die Sterne schnuppe.

Trauerspiel
Wie viele Worte Trauerredner sagen,
um ihre Sprachlosigkeit zu beklagen!

Ungerecht
Warum kommen die, die zu Unrecht Recht haben,
am besten zurecht, während andre aufgaben?

Prinzipienfest
Ausgerechnet Vegetarier übel schmollen,
wenn sie keine Extrawurst bekommen sollen.

Unschuldslamm
Manch einer lebt mit ´ner Unschuldsallür:
„Was es auch sei, ich kann nichts dafür."

Kleiner Unterschied
Der Erste und der Beste wollen viele sein,
der erste Beste gilt hingegen meist als klein.

Anstößiges Geschenk
Was wohl ein eingefleischter Vegetarier denkt,
wenn man ihm eine Venusfliegenfalle [12] schenkt?

Merken und Vergessen
Beim Grübeln in der Ecke still
Bedenken sich verstärken:
„So viel, wie ich vergessen will,
kann ich mir gar nicht merken."

Verlacht
Der Komödiant von Herzen weint,
wenn´s Lachen ist nicht ernst gemeint.

---

[12] eine fleischfressende Pflanze

Stockschwerenot
Woran hält sich ein Lahmer fest,
wenn er sich einfach gehen lässt?

Teufelskreis „Entscheidungsschwäche"
Was auch geschieht, wird Zauderer verdrießen.
Denn auch zum Zögern muss man sich entschließen.

Ausgebootet
Wenn alle sind in einem Boot,
ob da nicht große Seenot droht?

Eine Spur von Luxus
Was ist als Wert des Luxusautos anzuseh´n?
Besonders großspurig im Stau zu steh´n.

Face to Fake
Soziales Netzwerk wie wir´s kennen:
soll man´s nicht besser „Fakebook" nennen?

Redliches Schweigen
Man denkt, wenn Redner jedes Limit brechen:
Wie oft ist Schweigen redlicher als Sprechen.

In vino veritas
Ob mir jemand das Wasser reichen kann,
das ist mir egal, – ich will Wein, oh Mann!

Karges Bühnenbild
Geldnot bei Theaterleuten:
Bretter, die die Welt andeuten.

Lauffeuer
Das Jogging sich schon ziemlich lange hält
als größte Laufmasche auf dieser Welt.

Weißheiten
Ein Schi-Chirurg zu der Patienten-Meute:
„Der Schnee von gestern ist der Gips von heute."

Goldstaub
Für die Vermittler und Berater eine Schande:
Der goldne Mittelweg verläuft zumeist im Sande.

Talmi
Wer die goldene Mitte laut lobt, vergaß:
darunter steckt oft graues Mittelmaß.

Maßregelvollzug
Die Ausnahme sich bei der Regel beklagt:
„Wir Ausnahmen werden von Regeln gejagt."

Lob des Normalen
Normal ist so langweilig, spießig und schal,
zur Abwechslung freilich braucht man´s schon mal.

Umfassender Kompromiss
Gäbe es Mittel und Wege, dann würd´ zwischen beiden
pragmatisch ich mich für den Mittelweg letztlich entscheiden.

Seliges Vergessen
Von Nietzsche stammt die kleine List:
Man bleibt nur gut, wenn man vergisst.

Unklare Gemengelage
„Einer für alle", sagt einer von vielen.
Worauf nur könnte er damit wohl zielen?

Etwas hölzern
Beim Dünentischler sich der Stolz reg´:
„Ja, wo ein Wille, ist ein Holzweg."

Naive Malerei

Naive Maler leiden schlimme Qualen:
Lässt sich mit Einfaltspinseln Vielfalt malen?

Alberei mit Albers [13]

Kommt ein Reh per Bahn nachts um halb eins,
und du fragst dich: „Ist das vielleicht meins?",
ja dann bist du wohl
voll mit Alkohol
im Deliriumwahn nachts um halb eins.

Schlüsselfrage

Dass so viele Leut´ ihre Fliesen verlegen?
Mir selbst nur passiert das mit Schlüsseln hingegen.

Sinnestäuschungen

Manche kann man schon allein vom Seh´n und Hören
gar nicht riechen, wenn sie stänkern, stören.

Vom Leben auf der Überholtwerden-Spur

Wenn man sogar auch noch auf der Verliererstraße
schnell überholt wird, ist das Tragik ohne Maße.

Haarig

Wer Haare auf den Zähnen hat, der wird zwangsläufig
ein Haar in jeder Suppe finden auch ganz häufig.

Einer ist immer verschnupft

Bleibt die Grippewelle einmal gänzlich aus,
grämt verschnupft der Apotheker sich zu Haus.

Schwäbische Mau(sche)ltasche

Es gehd nie saubr z, sovil schdehd feschd,
wenn oine Hand d andre wäschd.

---

[13] Nach dem Hans-Albers-Klassiker „Auf der Reeperbahn nachts
um halb eins ..."

Sprücheklopfer
Verluste sind zumeist viel leichter zu ertragen,
als uns die zugehör´gen dummen Sprüche plagen.

Verlässlich
„Ist der, der regelmäßig nur versagt,
nicht zuverlässig?" ham wir uns gefragt.

Ganz bei Troste?
Möge dies die Gram des Nichtversteh´ns entfernen:
Was man nicht begreift, kann man auch nicht verlernen.

Mehrheitsprinzip
Was kann schon eines Einzelnen Intelligenz
gegen des kollektiven Wahnsinns Renitenz?

Fertig sein und fertig werden
„Warum ist grade jener fertig mit dem Leben,
der mit dem Leb´n nicht fertig wird?" frag ich mich eben.

Vorn und hinten
Beim Knobeln ist die Lage recht verschwommen:
Um vorn zu sein, muss man dahinterkommen.

Verbissen
Ein Fragender, der nachbohrt, sollte wissen:
Wer andern auf den Zahn fühlt, wird gebissen.

Wahrheit — ein hohes Gut
Wider besseres Wissen die Wahrheit zu sagen,
gilt als ehrlos und dumm in unseren Tagen. [14]

---

[14] Nach einem Aphorismus von Karl Kraus

Wahrscheinlichkeitstheorem
Für die Sicherheit zwar eher schlecht:
Wer „wahrscheinlich" sagt, hat immer recht.

Wahlversprechen
„Den Weg kann man vielleicht nicht immer wählen,
jedoch die Richtung", will man uns erzählen.

Werteverfall
Eine These, die ganz sicher nicht verkehrt:
Alles hat ´nen Preis, doch Vieles keinen Wert.

Passivaktivisten
Im Leitfaden „Demos für Dummies" da fand ich die Rand-Petitesse:
Für passiven Widerstand braucht es ein aktives Desinteresse.

Lügendetektor
Wie oft mutiert die Stunde der Wahrheit
zu 60 Minuten „Lügen-Infamheit".

Konkurrenz mit Biss
Keine Rabatte in der Medizin? Von wegen:
Selbst Zahnärzte bisweilen einen Zahn zulegen.

Durch die Randlosbrille
Die Welt ist nun mal rund, ganz unbenommen.
Kein Wunder, dass wir nicht zu Rande kommen.

Zielkonflikt
„Der Weg ist das Ziel", heißt´s zum Beleg,
doch manchmal ist das Ziel im Weg.

Grenzüberschreitung
Dem Unbeherrschten möchten wir den Satz kredenzen:
Wer aus der Haut fährt, überschreitet seine Grenzen.

Farbwechsel
Mancher, der ins Blaue schießt,
trifft ins Schwarze und genießt.

Schlussrechnung
Wenn man auf nichts mehr zählen kann,
muss dann mit allem rechnen man?

Hier bin ich zu Hause
Zuhaus ist, wo man alles sagen kann
und niemand einem zuhört irgendwann.

Eine alte Pepita-Weisheit
Was ich in einem Stoffbuch einst gelesen habe:
Wer kleinkariert ist, ist noch kein Musterknabe.

Indianische Weisheit [15]
Erst wenn du in den Mokassins von einem andern
´ne Meile gingst, weißt du was Blasen sind beim Wandern.

---

[15] Eine Verballhornung der indianischen Weisheit, dass man über jemanden erst urteilen soll, nachdem man eine Meile in seinen Mokassins gegangen ist.

Trivialpsychologie

Metakommunikation
Falls es an Kommunikation gebricht,
dann solltest du dich ernsthaft fragen:
Wenn einer nicht mehr mit der spricht,
dann will er damit etwas sagen.

Konsequent inkonsequent
Wenn dir völlig egal, was „apathisch" heißt,
dann letztlich du nur Konsequenz beweist.

Helfersyndrom
Sein Augenmerk sollte bei Helfern man stets darauf lenken:
Helfer sind meist egoistischer als sie selbst denken.

Alles nur eine Frage des Willens
Gegen sinnlosen Drill vorwurfsvoll sage man:
„Wer nicht kann, was er will, der soll woll'n, was er kann."

Hauptsache
Mahnung an die, die die Ruhe uns raubten:
Kopflose können sich niemals behaupten.

Stimmungsbild
Sanguiniker aktiv bestimmend gestalten,
Phlegmatiker sich der Stimmung enthalten.

Der Melancholiker
Der äußre Schein mag oftmals trügen,
das Traurigsein macht ihm Vergnügen!

Ein Kochphänomen
– Rohkost –
Choleriker – ein Mensch, fast nie gemocht,
der umso roher wird, je mehr er kocht.

Freud und Leid einer bipolaren Störung
Was nützt die schönste Depression,
wenn die Manie fies lächelt schon?!
oder:
Die schönste Depression nicht ewig dauert,
wenn um die Ecke die Manie schon lauert.

Geigerstimmung
Ein Geiger dem Arzt die Frage unterbreitet:
„Ist der, der leicht verstimmt ist, zartbesaitet?

Endlich!
Was wird Hypochondern auf Grabstein gesetzt?
„Hier ruht zufrieden… † Glaubt ihr mir jetzt?"

Schrei nach Aufmerksamkeit
Was mir ein Psychologe anvertraute:
Auch unter „stillen Duldern" gibt es laute.

Konsequent egal
„Wenn Ihnen", sagt Arzt zu seinem Patient,
„Apathie egal ist, ist das konsequent."

Nach(t)forschung
Die Nacht, fand man heraus blitzgescheit,
sei Hauptursache für Schlaflosigkeit.

Paradoxe Intention [16]
Ein Rat beim nächtlichen Zählen von Schafen:
Schlaflose Nächte niemals verschlafen!

Schwermut
Manchem fällt es leicht, bei allen Sachen
sich das Leben richtig schwer zu machen.

---

[16] Eine auf Viktor Frankl zurückgehende Methode in der Psycho-
therapie

Eigennützige Hilfe
Hinter grenzenloser Hilfsbereitschaft steckt
oft Kontrollzwang, hat man kürzlich erst entdeckt.

Fähigkeits-Paradox
Mit großer Angst und tiefer Sorge seh´ ich:
Gerade die Unfähigen sind zu fast allem fähig.

Keine einfachen Zeiten
Die Suche nach einfachen Lösungen, keine Frage,
ist auch nicht mehr so einfach heutzutage.

Ausnahmen bestätigen die Regel
Ein jeder sich für ´ne Ausnahme von jeder Regel hält. –
Das ist eine unumstößliche Regel auf dieser Welt.

Wo liegt die Mitte?
Wenn jemand sich in Midlife-Krise wähnt,
ob der sich nicht zu optimistisch sehnt?

Mitten im Leben
– Mors certa, hora incerta –[17]
Ein jeder spricht von „Midlife-Crisis",
doch wo die Mitte ist, wer weiß es?

Kernig
Wenn´s heißt: „Mit dem ist nicht gut Kirschen essen",
gibt´s wohl ein Kernproblem bei Interessen.

Zugzwang
Aus Gemeinsamkeit ist Missgunst schnell gediehen:
Auch am gleichen Strang kann man den kürzer´n ziehen.

---

[17] deutsch: Der Tod ist gewiss, die Stunde ungewiss.

Nervtötend
Wenn dir wer den letzten Nerv raubt von früh bis spät –
ob es sich dabei wohl um geistigen Diebstahl dreht?

Eine gewisse Logik des Gewissens
Mit Doppelmoral hat man ganz gewisse
nur halb so viele Gewissensbisse.

Schlechtes Gedächtnis ?
Wie kommt es wohl, dass einige Menschen man
nur schlecht in guter Erinn´rung behalten kann?

Süßsauer
Wer wird schon sauer reagieren,
wenn wir ums Maul ihm Honig schmieren?

Grob- und feinschlächtig
Mitunter ist im wilden Kampfesgewühl
die beste Faustregel: Fingerspitzengefühl.

Uferlos
Für die vom anderen Ufer wird deutlich es jedem Kind,
dass die vom anderen Ufer vom anderen Ufer sind.

Schwere Leichtigkeit
Nichts sich aus dem Ärmel schütteln lässt,
was zuvor nicht mühsam reingepresst.

Nachtragshaushalt
Gesagt sei es allen beleidigten Deppen:
Wer nachtragend ist, der hat sehr viel zu schleppen.

Augenschein
Bei dem äußer´n Erscheinungsbild trügt oft der Schein:
Auch wer blauäugig ist, kann misstrauisch sein.

Kindchenschema

Wer sich kindisch verhält, der sorgt ganz bestimmt
schnell dafür, dass man oft auf den Arm ihn nimmt.

Allgemeinplatz
— Aufgeblasenheit —

Warum Luftballons offne Plätze meiden?
Weil sie ganz enorm unter Platzangst leiden.

Bleibende Enttäuschung

Was die Enttäuschten zweifach aufreibt:
dass die Enttäuschung einfach ausbleibt.

Hektische Ruhe

An Muße mag ein Hektiker nicht glauben. —
Es würde ihm schlichtweg die Ruhe rauben.

Wechselfälle des Lebens

Ein Auf und Ab ist durchaus gesund,
das sag ich dem Zweifler gerne:
An manchen Tagen ist man der Hund,
an anderen die Laterne.

Hitzewarnung an Hochmütige

Wenn du an Durst und Hitze leidest irgendwann, —
wie blöd, dass keiner dir das Wasser reichen kann!

Redekunst

Während große Siege meist mit großen Reden enden,
lassen wir´s bei Pleiten gern mit Ausreden bewenden.

Nimm´s leicht !

Wohl selten lässt sich wirklich ahnen,
wie unbekümmert Kleptomanen
und ohne wahrhaft sich zu schämen
sehr viele Dinge ganz leicht nehmen.

Formsache
Dem Offenherz´gen ist es dumm bekommen:
Geradheit wird als erstes krumm genommen.

Die unerträgliche Seichtigkeit des Scheins [18]
Dass Oberflächlichkeit sich auch noch äußern will,
empfinden wir als äußerst dreisten Overkill.

Seelische Untiefen
Die Psychoanalyse ins Bewusstsein rief:
Der Grund für Oberflächlichkeit sitzt ziemlich tief.

Auftrieb
Aufgeblas´ne Menschen schwimmen gern und viel
auf der Oberflächlichkeit, weil dies ihr Stil.

Problemlösen
Ihr Lösungsorientierten, seid nicht so bequem
und sucht zunächst erst mal ein passendes Problem!

Verschwiegen
Wenn man bis über beide Ohren in was steckt,
hält man am besten seinen Mund und sich bedeckt.

Umsorgt
Viel zu viele Leute gibt´s in unsern Zeiten,
denen ihre Sorgen sehr viel Freud´ bereiten.

Fassungslos
Wenigstens das zu fassen bekommen,
was auf der Hand liegt, denkt man beklommen.

---

[18] Nach dem Titel einer Erzählung von Milan Kundera: Die unerträgliche Leichtigkeit des Seins

Aufrichtig aggressive Reue
So manch einer lässt beim Bereuen gewaltig es krachen:
Den inneren Schweinehund richtig zur Sau mal zu machen!

(H)ausgemachter Stress
Haben Sie auch schon den sehr guten Ratschlag gehört:
Ruhig zu bleiben, auch wenn einen gar niemand stört?

Schonhaltung
Wer zu viel Balsam auf die Seele schmiert,
wird unbeweglich und mumifiziert.

Aussitzen
Wenn ich mal wieder vor Angst vergehe,
am Rande des Nervenzusammenbruchs stehe,
dann frage ich mich:
Warum setz ich mich nich?

Von Sinnen
Mit dem Kopf durch die Wand, und keiner fragt nimmer:
Was will ich denn eig´ntlich im Nebenzimmer?

Zuspruch
Hab guten Mut, dann klappt auch der Rest:
Alles wird gut. – Doch für wen, steht nicht fest.

Frage-Antwort-Spiel
´Ne Antwort zu suchen ist Last
und oft eine rechte Plage:
Sobald du die Antwort hast,
verändert das Leben die Frage.

Lob der Zweideutigkeit
Die Zweideutigkeit bringt Spannung in viele Sachen.
Und: wer zweideutig denkt, hat eindeutig mehr zu lachen.

Über-Ich
Ich fragte mich bang, als mein Ich untertauchte:
Wo war ich denn, als ich am meisten mich brauchte?

Schweinereien
Es ist allemal leichter, die Sau rauszulassen,
als mit innerem Schweinehund sich zu befassen.

Gespaltenes Echo
Es spricht der Pontius zu Pilatus:
„Ist schizophren denn jetzt mein Status?"
Pilatus drauf zum Pontius-Piepel:
„Wir sind persönlichkeits-multipel."

Vom Handgriff
Sein Leben hat jeder zwar in der Hand,
doch kaum einer hat es im Griff mit Verstand.

Only you
Wer war für dich da und hörte dir zu,
als alle weg waren? – Natürlich nur du!

Spielräume
Was man beim Ernst des Lebens allzu oft vergisst:
Man hat mehr Spiel, wenn eine Schraube locker ist.

Ohne W
Manch Hektiker sich daran laben:
Gut Ding will Eile haben.

Kann denn Schlafen Sünde sein?
Gemeinhin heißt´s: Wer schläft, der sündigt nicht.
Der Traumforscher dem heftig widerspricht
und meint, es gelte umgekehrt ganz schlicht:
Wer sündigt, schlafe meistens nicht.

Folgenschwere Multiplikation
Was wohl passiert, frag ich mich voller Respekt,
wenn man sich zweimal halb zu Tode erschreckt?

Wirbelwind
Der Mensch im Stress, das wissen wir,
zeigt sich als echtes „Wirbel"-Tier.

Gesichtsverlust
Zu große Eile die nützt dem Anseh´n nicht:
Kopflos verliert man am schnellsten sein Gesicht.

Sucht-Quintessenz
Es lügt was in der Sucht,
´ne ganz besondre Flucht.

Scherzschmerz
Ist dieser Widerspruch nicht schaurig:
Grad wer sein Glück verscherzt, ist traurig?!

Aus der Traum!
– Ein Realisierungstrauma –
Einen Traum man erst verwirklichen kann,
wenn er ausgeträumt ist irgendwann.

Heißhunger
Der Neugier Leib- und Seelenspeis:
Was ich nicht weiß, macht mich ganz heiß.

Total-normal-Qual
Eigentlich ist ein Neurotiker völlig normal,
aber todunglücklich mit eben grad dieser Qual.

Alles Ansichtssache
Man kann es so sehn oder auch mal so,
doch Viele sehen´s anders auch mal wo.

Psychophysik
– Neues aus der Küchenpsychologie –
Das Niveau eines Menschen, heißt es knapp,
hängt von seinen Höhen und Tiefen ab.

Inspiration
Am Anfang des Alkoholismus in spe
steht spirituell eine Schnapsidee.

Naseweis
Ein schönes Bild für Trotz, was wirklich ganz toll passt:
Du trägst die Nase hoch, obwohl du sie voll hast.

Mantras hinterfragt man nicht!
„Nur wer weiß wo er ist, der kann sein wo er will." –
Was das heißt, weiß ich nicht, doch verneig´ ich mich still.

Körpersprache
Überleg´ erst mit Verstand, dann tu´s:
Ohne Kopf kein Ding mit Hand und Fuß.

Blickwinkel
Erst auf den zweiten Blick zumeist sieht man
den ersten aus ´nem andern Winkel an.

Supplemente
Manch einer schaut nur über seinen Tellerrand,
um andern in die Supp zu spucken ungalant.

Vorausschauendes Aufbauschen
So mancher macht nur deshalb aus der sogenannten
ganz kleinen Mücke einen großen Elefanten,
damit nachher ihm niemand die Leviten liest,
dass mit Kanonen er auf Spatzen schießt.

Mieses Karma
Wird man überfahren, dann käme vom Karma das her.
Es nicht persönlich zu nehmen, fällt mir aber schwer.

Kleineres Übel?
So unglücklich ist wohl kein Mann,
dass Zahnschmerz ihn erheitern kann.

Schlagender Beweis
Dem Glücklichen zur frohen Kunde:
Unglückliche schlägt jede Stunde.

Kummer-Nummer
Der Traurige fällt einsam und allein in Schlummer;
denn heißt es nicht: Kein Anschluss unter diesem Kummer?

Physikalisches Gesetz
Rein physikalisch Richter es bewiesen sah´n:
Durch Neigungen gerät man auf die schiefe Bahn.

Auffallender Einfall
Du bist kreativ, wie ein Dichter es feststellt,
wenn dir bei dem, was dir auffällt, was einfällt.

Unterm Rad [19]
Ein Trinker klagt über Beschwerden
und brabbelt für sich leicht verschwommen:
„Man muss nicht überfahren werden,
um unter die Räder zu kommen."

Jeder fängt klein an
Ob dies bei Moralisten findet Anklang:
„Die Mäßigkeit ist aller Laster Anfang."?

---

[19] Titel einer Novelle von Hermann Hesse

Nostalgie

Der Mensch ist nie zufrieden immerdar
und sehnt stattdess sich nach Vergang´nem hin:
„Ich möchte wieder sein, was ich mal war,
als ich noch werden wollte, was ich bin."

Das geht auf die Nerven

Mit einer Nervensäge im Haus allein
muss man nicht automatisch ein Nervenarzt sein.

Von Oasen der Ruhe und Kamelen, die sie nicht finden

Schweigen und Stille kennen in unsern Tagen
immer mehr Leute nur noch vom Hörensagen.

Kluges Schweigen

Nur schweigen reicht oft gut genug:
Wer lange schweigt, gilt lang als klug.

Schweigende Mehrheit

Halten wir´s den großen Schweigern mal zum Guten:
Schweigen lässt das Denken mindestens vermuten.

Verrückte Träume

Wie wunderschön, dass uns der Traum es möglich macht,
ganz folgenlos verrückt zu spielen jede Nacht.

Alpenglühn

Träumt einer nachts vom Wetterstein,
dann kann das nur ein Alptraum sein.

Nicht nur tief

Ja, man ahnte so etwas:
Stille Wasser sind auch nass.

Weitsichtig

Innerer Abstand ist oftmals gescheiter:
Augen schließen, dann sehen wir weiter.

Maßvoll
Das Maß aller Dinge ist – voll.
Wonach man sich nun richten soll?

Patientenverfügung
Ein anderes Schild als vom Warteraum her man es kennt:
„Die Reihenfolge der Ärzte bestimmt der Patient."

Vergnügungssadismus
Wie oft hat sich Vergnügen eingestellt,
dass andern man es einfach vorenthält.

Musterhaft?
Was die Verhaltensforscher deprimiert:
Verhaltensmuster sind oft kleinkariert.

Geistige Trampelpfade
Wenn so viel durch den Kopf mir geht und hampelt,
dann wird Vernunft schon nieder mal getrampelt.

Miesepeters Kurzsichtigkeit
Wer seinen Kopf stets hängen lässt,
büßt Weitsicht ein, soviel steht fest.

Farbbleiche
Warum wird man meist blass ganz doll,
wenn Farbe man bekennen soll?

Aufmerksamkeitsdefizitsyndrom
Als Trost für den Patient der Arzt schnell darauf kam:
„Wer nicht paranoid, ist bloß nicht aufmerksam."

Zwangsläufig
Zwänge zwanghaft zu vermeiden –
auch ein Zwang, an dem wir leiden.

Selbstbetrachtung

Lob der Introspektion
Selbstbetrachtung, oh du edle Zier:
Ich ging in mich und war außer mir.

Schonungslose Selbsterkenntnis
Diese Erkenntnis, die haut dich schlicht nieder:
Erkenne dich selbst, und du kennst dich nicht wieder.

Highway to hell
Für den, der Lust auf Seelentrips verspürt:
Wer in sich geht, weiß nie, wohin das führt.
Da kommen plötzlich Geister, die man rief,
und schwupps!, schon ist man ganz schnell depressiv.

Sinnkrise
Mir geht es ganz oft wie den Leuten:
Ich weiß nicht, was soll ich bedeuten.

Therapieerfolg?
Nach Therapie bin ich nicht mehr der Alte:
Ich bin nicht der, für den ich mich halte.

Innere Leere
Bei Selbsterfahrung ein Riesen-Eklat:
Da geht man in sich, und keiner ist da.

Der schnöde Mammon
Sehr gern ich an mir arbeiten würde,
doch wer bezahlt mich für diese Bürde?

Anleitung zum Unglücklichsein
Selbsterkenntnis, wusstest du das schon,
ist der schnellste Weg zur Depression.

Leeres Versprechen
„Wer in sich geht, holt mehr aus sich heraus." –
Doch was geschieht, wenn niemand ist zu Haus?

Kunst der Selbstironie
Selbstironie als hohe Kunst grad darin steckt,
sich so durch den Kakao zu ziehen, dass er schmeckt.

Nüchterne Betrachtung
Was soll es nutzen, bitte schön,
wenn nichts herauskommt, in sich zu geh´n?

Schizoid
Ich hab mich mit mir auseinander gesetzt,
bin deshalb geteilter Meinung ab jetzt.

Die Geister, die man rief
Das hat man nun vom Seelentief:
Man sitzt dumm rum, ist depressiv.

Existentielle Sinnfragen und Ahnungen
„Wenn ich nicht so wäre, wie ich bin",
denke ich versunken vor mich hin,
„wäre ich dann der, der ich jetzt bin?
Und wenn ja, hat das denn einen Sinn?"
Wenn bedeutungsschwer solch Nebel wabern,
sag ich mir: Hör endlich auf zu labern!

Eine ins Wasser gefallene Mutprobe
Als tapfer gilt, sich gegen einen Strom zu stellen.
Darum begab ich flugs mich in des Stromes Wellen.
Der Strom jedoch mich völlig ignoriert
und fließt an mir vorüber ungeniert.
Was hab ich denn nun davon, dass
ich hier dumm rumsteh? – Ich bin nass!

Alptraumhaft
Ich glaube ganz fest an die Realität
meiner Alpträume, und zwar von früh bis ganz spät.

Seelen-Querelen
Da wohnen schon zwei Seelen, ach, in meiner Brust,
nun stolpern sie noch über´nander – so ein Frust!

Versenkt
Wenn innen nichts ist, außer innerer Leere –
kommt das einer Meditation in die Quere?

Außen hui, innen pfui
Mit innerer Leere wird konfrontiert,
wer nur auf Äußeres ist fixiert.

Hohlkörper
– Horror vacui –
So mancher fasst sich an den Kopf
und fasst ins Leere – armer Tropf.

Leergut
Nicht jeder, dem etwas zu Kopfe steigt,
hat dann was drin, wie sich das oftmals zeigt.

Ketzerei
Auch wenn man mit der Todesstrafe droht:
Ich glaube an ein Leben vor dem Tod.

Selbstbetrug
Wie oft, mal ehrlich, haben wir uns selbst betrogen!
Denn selbst im Selbstgespräch wird ziemlich oft gelogen.

Sonnenallergie
Die Sonne durch die Wolken bricht –
und mir wird auch gleich schlecht vom Licht.

Galoppierendes Wissen [20]
Da schwirrt mir der Kopf, ich weiß nicht, was es schlicht heiß´:
„Ich weiß nicht genau, ob ich weiß, dass ich nichts weiß?"

Selbstzweifel
So manchmal zweifle ich an mir und frage mich:
„Wenn alle wär´n wie ich – wär das nicht fürchterlich?

Erfolgs-Garantie
Ein jeder, der sich mich zum Vorbild nimmt,
wird bald wie ich erfolglos sein, bestimmt!

Zum Verzweifeln!
Man brachte zur Verzweiflung mich und grollte,
obwohl ich dorthin überhaupt nicht wollte.

Fast alles hat seine Zeit
Alles hat Zeit, nämlich seine,
ich allerdings habe keine.

Bei der Wahrsagerin
Meine Stunde käme noch, auf Zettel draufstand.
Wegen einer Stunde dieser ganze Aufwand?!

---

[20] Als Leseerleichterung hier eine kleine Rhythmushilfe:
u — uu — uu — uu — u

Lebensberatung

Lernen am Erfolg
Man lernt von jedem auf längere Sicht:
von den einen wie's läuft, von den andern wie nicht.

Psycho-Quark
„Sie müssen lernen loszulassen." –
Wie diesen Satz Free Climber hassen!

Psychohygiene
Eh' du schlimmen Gedanken nachhängst:
Glaube nicht alles, was du so denkst.

Lachhaft
Je ernster man sich nimmt bei Sachen,
je weniger hat man zu lachen.

Traumdeutung
Der Traumdeuter reibt sich die Hände:
„Im Traum spricht die Seele Bildbände."

Erkenntnisleere
Wenn man sein Innerstes nach außen kehrt,
ist Einsicht durch die Leere sehr erschwert.

Nach einem zerplatzten Traum
Statt Trübsal blasen ist der Rat gescheiter:
Gib deine Träume niemals auf, schlaf weiter!

Schnelle Lösung
Ob's Glas halbvoll oder halbleer –
da wogt manch Streit mal hin, mal her.
Doch statt erst lange nachzudenken,
wie wär's denn, einfach nachzuschenken?

Macher
Alles halb so schwer, mach was draus:
Ist das Glas halbleer, trink es aus.

Pflichtgemäßes Ermessen
Dieser Satz ist geeignet als Schlüssel zum Glück:
„Wenn die Pflicht ruft, sag bitte, ich rufe zurück."

Autoaggression
Ein guter Rat für alle, die sich selber hassen:
Ich muss mir von mir selbst nicht alles gefallen lassen.

Selbstzweifel
Wer sich in Frage stellt, sollte sich erst einmal fragen:
Kann ich und will ich die Antwort denn wirklich ertragen?

Lebe jeden Tag als sei´s dein letzter
Dieser Ratschlag ist im Grunde gar nicht schlecht,
denn todsicher hat man eines Tages Recht.

Selber Idiot!
Wenn du mit einem Idioten streitest, wär´s gut,
drauf aufzupassen, dass der nicht dasselbe tut.

Grundregel menschlichen Verhaltens
Dieser Rat fast immer passt,
weshalb wir ihn verbuchen:
Wo du nichts verloren hast,
da hast du nichts zu suchen.

Zurück auf Anfang
Nach langem Suchen, meist am falschen Ort,
beginnt am Ziel der Sucher laut zu grollen:
„Warum nur findet alles man grad dort,
wo man am Anfang hätte suchen sollen?!"

Gefunden!
Sonnenklar und leuchtet ein sofort:
Wer nichts findet, sucht am falschen Ort.

Allgemeingut
Im Ungefähren lebt man am angenehmsten:
Auf Allgemeinplätzen sitzt es sich am bequemsten.

Was du heute kannst besorgen …
– Ein kritischer Beitrag zur Altersvorsorge –
Was soll es denn nützen, auf Dinge für´s Alter zu sparen,
die richtig genießen man kann nur in ganz jungen Jahren?

Überlebenswichtig
Statt dumpf-dunklem Heldenmut bleib lieber hell:
Sei tapfer, doch geh aus der Schusslinie schnell.

Erkenne dich selbst?
Wenn du dich mal wieder in Frage stellst:
Nur die Oberflächlichen kennen sich selbst.

Temposünder
Aus sich heraus zu *gehn*, gilt meistens als genehm.
Doch aus der Haut zu *fahren*, wird schnell zum Problem.

Neues wagen!
Hast du in deinem Alltagstrott mal drüber nachgedacht,
wann du zum letzten Mal hast was zum ersten Mal gemacht?

Machtlos
Wär´ es nicht manchmal besser, fragen wir uns nun,
alles in unsrer Ohnmacht Stehende zu tun?

Maß halten
Im Leben ist es wie im Würfelspiel:
Der, wer zu weit geht, kommt niemals ans Ziel.

Gemäßigte Mäßigung
Immer ratsam ist´s, schön auf dem Teppich zu bleiben:
Auch im Maßhalten sollte man nicht übertreiben.

Auf und zu
Man soll sich hüten, immer alles zuzulassen,
und bei Pralinenschachteln lieber zuzufassen.

Hinter-Abgründiges
Wenn du mal meinst, am Abgrund zu stehen:
Versuch in andere Richtung zu gehen!

Im Probelauf-Rad
Wenn es nicht geht, probier´ was andres aus!
Vielleicht geht´s dann auch nicht. Doch mach was draus!

Bildhaft
Auch wenn du aus dem Rahmen fällst,
sei immer im Bilde, wofür du dich hältst.

Vom Ankommen
Nicht nur räumlich gelten kann:
Wer zu weit geht, kommt nicht an.

Cooler Verlierer
Wenn du mal dein Gesicht verlierst ganz unerfahren,
musst du zumindest einen kühlen Kopf bewahren.

Befreiendes Lachen
Den Karren aus dem Dreck zu ziehn, gelingt dir nicht?
Dann zieh ihn wenigstens ins Lächerliche schlicht.

Kommen und Gehen
Bis sie gehen lernen, unbenommen,
muss man Dinge nehmen, wie sie kommen.

Schiebung
Was ich noch als guten Ratschlag sagen wollte:
Verschiebe nichts auf morgen, was man eh vermeiden sollte.

Lösungsorientiert
Hat deine Lösung nicht zu dem Problem gepasst,
dann ändre das Problem, bis du es passend hast.

Für Überbesorgte
Man sollte auch dann seine Ruhe bewahren,
wenn´s keine Probleme gibt, keine Gefahren.

Guter Rat
Ratschläge immer gleich weitergeben.
Das ist ihr einziger Nutzen im Leben.

Teure Beratung
Ein Rat, den ich wieder und wieder erneuer´:
Nach billigem Ratschlag ist guter Rat teuer.

Ratlos
„Höre jeden Rat, befolgen keinen,
auch diesen nicht." – Was könnte das wohl meinen?

Ratsvertreter
Man hört auf einen Ratschlag und begreift zu spät,
dass so die Dummheit eines andern man begeht.

Schubumkehr
Warum denn etwas auf die lange Bank nur schieben,
was untern Teppich kehren kann man nach Belieben?

Alles hat ein Ende
Hör´ nicht auf das Wehgeschrei:
Auch die Zukunft geht vorbei.

Klare Marschrichtung
Immer schön geradeaus im Hin und Her,
sonst läuft man ja im Kreise allzusehr!

Spieler-Wahrheiten
Nimm´s Pokerface des Spielers nicht für Bares:
Wer sein Gesicht wahrt, der zeigt nicht sein wahres.

Abtauchen?
Den Kopf in´n Sand zu stecken, ist zu spät,
wenn´s Wasser dir schon bis zum Halse steht.

Der Weisheit letzter Schluss
An blindem Eifer stets ein Weiser stört sich:
„Nur Narren nehmen weise Worte wörtlich."

Elitedenken
Wenn du die Meinung der Mehrheit teilst,
wird´s Zeit, dass mit Nachdenken du dich beeilst.

Vom Sehen bei schlechter Sicht
Wer nachgibt, kann schon bald vor Ungemach stehn:
Bei zu viel Nachsicht hat man schnell das Nachsehn.

Mehr als gewöhnlich
Dem Durchschnittsbürger sei ins Stammbuch es geschrieben:
Auch Mittelmäßigkeit wird oftmals übertrieben.

Rollentausch
Wer nicht aus der Rolle fallen will,
sollte keine spielen und sei still.

Ein Juwel der Menschenkenntnis
Der Mensch und Edelstein lässt sich am besten schätzen,
wenn man sie aus der Fassung bringt an ihren Plätzen.

Nimm´s leicht
Leute, die man schwer ertragen kann,
nehme auf die leichte Schulter man.

Schmiedeeiserner Wille
Wenn du dich mal wieder endlos bemühst:
Schmiede das Eisen, solange du glühst.

PR-Masche
PR-Berater dem Klient zusammenfassen:
„Man soll sich sehen, aber nicht durchschauen lassen."

Ruhe ist 1. Bürgerpflicht
Eine Gelegenheit, den Mund zu halten,
soll man ergreifen und ganz still gestalten.

Dreistes Leisten
Auch wenn sich manche sehr erdreisten,
so gilt für jedermann:
Man sollte sich nicht alles leisten,
was man sich leisten kann.

Reimzeitnot
Das Sprichwort von der Not und Zeit
verwandeln wir ganz grob:
Spare mit dem Lob,
dann hast du Ärger mit der Zeit.

Frage-Antwort-Spiel
Wenn dein Leben dir gar nicht gefällt,
hilft dir keinerlei Fluchen.
Wer sein Leben in Frage stellt,
muss nach Antworten suchen.

Abstauber
Lebenskunst: Sich aus dem Staube machen,
ohne ihn aufzuwirbeln und noch lachen.

Abkommen
Wer nicht auf der Strecke bleiben will,
muss vom Weg abkommen einfach still.

Lob der Langsamkeit
Lieber spät und richtig
als nie und nichtig.

Gegen den Mainstream
Wenn zu viele gegen den Strom schon anklimmen,
dann sollte man schnell wieder *mit ihm* schwimmen.

Das Wörtchen Wenn
Eine Umdeutung von
– „Ein Unglück kommt selten allein." –
Bevor dein Alleinsein du in dich hineinfrisst:
Ein Unglück kommt selten, wenn man allein ist.

Gegen Laxheit
Sagt ein Lachs seinem Sohn: „Sei rebellisch und munter!
Lieber gegen den Strom, als den Bach herunter."

Waschprogramm
Wer schmutzige Wäsche wäscht, man kann´s nicht bestreiten,
der sollte schnell Leine ziehn, und zwar noch beizeiten.

Rückversicherung
Bevor du kämpfst mit dem Rücken zur Wand,
mach gründlich zunächst mit der Wand dich bekannt.

Lückenbüßer
In die Bresche springen, so weit es geht,
auch wenn dort ein riesiges Fettnäpfchen steht?

Versicherungstipp
Die Renovierung ist viel zu teuer?
Bei alten Häusern ist guter Rat: Feuer.

Fürsorge
Vergiss deine alten Sorgen,
es kommen bald neue, schon morgen.

Grausam
Leben wie 'ne graue Maus?
Alles für die Katz und aus?!

Lügen haben immerhin Beine
Für jedermann kommt mal die Stunde der Wahrheit.
„Dann lüge!" sag ich mal in offener Klarheit.

Blaupause
Wer blauäugig ist und zählt auf Pardon,
kommt kaum mit 'nem blauen Auge davon.

Von Laufen, Gehen und Stehen
Glaubt mir, wer sich laufend gehen lässt,
hat 'nen schweren Stand, soviel steht fest.

Vorschusspanik
Bedenk, wenn man dich lobt schon vorher:
Am schnellsten welkt der Vorschusslorbeer.

Bestechende Logik
Phrasendrescher bekämpft man mit Logik nur:
Logik ist für Sprechblasen Akupunktur.

Von unsinnigen Kompromissen
Ob man sich was Gutes antut,
wenn Konsens auf Nonsens beruht?

Überraschung
Elektriker wissen ein Liedlein darüber zu singen:
Nicht immer sind Glühbirnen leicht aus der Fassung zu bringen.

Kainszeichen
Wenn Kain „Alle Menschen sind Brüder" kundtut,
dann sollten wir wachsam sein und auf der Hut.

Licht- und Schattenspiele
Will man Leute mal gemein verprellen,
muss man sie zuerst in´n Schatten stellen,
dann ein schlechtes Licht noch auf sie werfen.
Schwupps, so kann man wirklich jeden nerven.

Ortskenntnis
Wirfst du die Flinte ins Korn, sei helle
und merk dir die Stelle!

Mütterlicher Rat
Man muss die Männer nehmen, wie sie sind.
Doch nicht so lassen. Merk dir das, mein Kind.

Mutmacher
Der Käpt´n zur Crew: „Wat mutt dat mutt.
Schiffe, die auslaufen, sind nicht kaputt."

Four eyes only
Vertraulichkeit mag öfter taugen,
doch manch Verhandlung ist missglückt,
weil grade unter nur vier Augen
wird gern mal eines zugedrückt.

Fahrplanwechsel
Der Deutschen Bahn wir dringend dazu raten täten:
Wer keinen Zeitplan hat, kann sich auch nicht verspäten.

Gesprächstipp
Hört dir jemand lange zu, dann halte für dich fest:
Vorsicht vor dem Typ, der unentwegt dich reden lässt!

Ein Schuhverkäufer-Spruch
Barfuß gehen kann nichts taugen:
Auch der Fuchs hat Hühneraugen.

Neustart
Ich kauf' mir ein Dreirad mit Bommel dran
und fange nochmal ganz von vorne an.

Sicherheitsbedenken
Vorsicht, wenn Leute dir Sicherheit wollen vorgaukeln:
Wer dich in Sicherheit wiegt, will dich oft bloß verschaukeln.

Augenzwinkern
Achtung, wenn jemand ein Auge zudrückt!
Tut er's vielleicht, dass das Zielen ihm glückt?

Wie im Märchen
Warum 'ne Kröte denn gleich schlucken müssen?
Versuch doch erst einmal, sie wach zu küssen.

Grenzenloser Wahnsinn
Gebt acht, ihr maßlosen Geldverschwender:
Am Rande des Wahnsinns stehn keine Geländer.

Leasing lohnt nicht
Die Raten beim Leasing, das ist uns geläufig,
die machen aus Sportwagen Lastwagen häufig.

Werbung mit dem Zeigefinger
Hörbuch-Werbung ist's gewesen:
Wer nicht hören will, muss lesen.

Blinder Eifer schadet nur
Die jungen Seher machen bei der Prophezeiung schlapp.
Erfahrene Propheten warten das Ereignis ab.

Zweifelsohne
Deine Meinung immer klar zum Ausdruck bringen:
Hast du Zweifel, lass es überzeugend klingen.

Letzte Gewissheit
Die Skepsis andrer muss dir nicht die Ruhe rauben:
Auch Skeptiker die müssen mal dran glauben.

Richtungsweisend
Besonnenheit hat meistens einen tiefen Sinn:
Bevor du aus der Haut fährst, frag dich erst: wohin?!

Weissagung eines Anti-Öko-Freak [21]
Erst wenn die letzte Tankstelle geschlossen,
dann werdet ihr bemerken ganz verdrossen:
Es gibt bei Greenpeace nachts kein Bier, Genossen!

---

[21] Eine sehr unökologische, verabscheuungswürdige Verballhornung der berühmten Cree-Weissagung: „Erst wenn der letzte Baum gerodet, der letzte Fluss vergiftet ..."

Danksagung

Mein Dank gilt den Veranstaltern und dem freundlich-aufgeschlossenen Publikum verschiedener Berliner Lese-bühnen und Poetry-Slams, bei denen ich mit einigen der Sprüche auftreten durfte (z.b. Lesetresen im Café Cralle, LSD im Schokoladen, Surfpoeten, dem Rixdorfer Poetry Slam im Café Linus, dem Kreuzbergslam im Lido, dem Saal-slam im Heimathafen Neukölln und dem Guerilla-Slam im Monarch).
Hier erhielt ich wichtige und interessante Anregungen, und das insgesamt sehr positive Echo spornte mich an, weiter zu machen mit dem Sprücheverfassen.

Danken möchte ich auch den zahlreichen Autoren auf verschiedenen Sprüche- und Aphorismen-Seiten des Inter-net, bei denen ich (ungefragt) Material und Anregungen für diesen Band gesammelt habe.

Berlin, im September 2017   Albrecht Moeller